成为最有价值的专业化管理咨询公司！

正睿愿景
TWISE VISION

正睿咨询管理书系

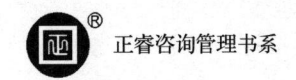

正睿观点
企业领导智慧

金涛 著

企业管理出版社
ENTERPRISE MANAGEMENT PUBLISHING HOUSE

图书在版编目（CIP）数据

企业领导智慧：正睿观点 / 金涛著 . — 北京：企业管理出版社，2017.3

ISBN 978-7-5164-1482-8

Ⅰ.①企… Ⅱ.①金… Ⅲ.①企业领导学 Ⅳ.①F272.91

中国版本图书馆 CIP 数据核字（2017）第 043217 号

书　　　名：	企业领导智慧：正睿观点
作　　　者：	金　涛
责任编辑：	陈　静
书　　　号：	ISBN 978-7-5164-1482-8
出版发行：	企业管理出版社
地　　　址：	北京市海淀区紫竹院南路 17 号　　邮编：100048
网　　　址：	http://www.emph.cn
电　　　话：	总编室（010）68701719　　发行部（010）68701816　　编辑部（010）68701661
电子信箱：	78982468@qq.com
印　　　刷：	三河市嘉科万达彩色印刷有限公司印刷
经　　　销：	新华书店
规　　　格：	170 毫米 × 240 毫米　　16 开本　　13 $\frac{1}{4}$ 印张　　153 千字
版　　　次：	2017 年 3 月第 1 版　　2017 年 9 月第 2 次印刷
定　　　价：	35.00 元

版权所有　翻印必究　·　印装有误　负责调换

前言

法兰西第一帝国皇帝拿破仑有一句名言："世上只有两种力量：利剑和思想。从长而论，利剑总是败在思想手下。"政治家治理国家繁荣昌盛靠的是治国思想，军事家"运筹帷幄之中，决胜于千里之外"靠的是军事思想，企业家经营企业实现基业长青必须要有自己的经营管理思想。华为集团总裁任正非认为："企业最大的管理权是思想文化的管理。"由此可见，思想对一个人而言是多么的宝贵！

中国现在正处于一个观念混乱的时期，各种形形色色的观念甚嚣尘上，但是真正正确有价值的思想又非常稀缺。如果一个人的思想观念是正确的，他必然会走出正直的道路；如果一个企业家的思想观念是错误的，他必定要付出相应的经营管理代价；如果一家企业的思想是没有创新的，企业的发展必然会步人后尘……我在长期企业管理咨询实战和研究当中，深刻地感受到中国企业家经营管理思想的匮乏，他们的思想观念是一片荒芜之地。很多企业家甚至对一些企业经营管理的常识性问题也是一知半解，在这种情况下进行企业经营管理必然会障碍重重，在企业发展的道路上必然会遇到很多"险滩和暗礁"。有些企业家在企业经营陷入"四面楚歌"之时发出"天亡我"的慨叹，实际上责不在天，而在于企业家个人的思想。从某种程度上讲，一名企业家的思想能走多远，注定了这家企业能够走多远。

思想是无价之宝，思想是力量之源。一直以来我非常注重对企业经营管理的思考和探索，以求能够获得一些真知灼见。正如法国著名哲学家笛卡尔所言"我思故我在"，通过对很多经营管理的思考，也让我真正体验到到思想的乐趣和力量。本书整理历时五年多，几乎囊括了我近20年来对企业经营管理的全部思想，总共分为管理失败真相、企业经营之道、企业文化构建、企业团队打造、管理用人之道、管理自修之道、管理模式设计和企业营销管理等八部分，共400余条。为了能够让读者更好地理解我思想的精髓，我特意进行了详细提示性的注释讲解，尽个人绵薄之力让企业少走弯路，是我人生之幸事。庄子曰："吾生也有涯，而知也无涯。"我也非常清楚地认识到自身认知的局限性，在此我把自己有限的思想贡献给大家，希望能够为有志于或正从事于企业经营管理的朋友带来一些启发和帮助。同时，因个人水平有限，难免挂一漏万，也希望读者能够提出宝贵的修改建议。

中国自改革开放以来，现代化的工业发展经历了30多年，现在正处于由"中国制造"向"中国创造"转型的关键时期。创造是时代赋予我们的使命，转型的核心在于思想。在这个伟大的时代，衷心祝愿国人思想的闸门洞开，让各种富有生命力的思想不断涌现，让中国经济的发展更加繁荣昌盛！

于广州 2016.12.17

目录

Chapter ·1·
管理失败真相 —— 1

企业管理天天在做，企业管理的话题天天在谈，但企业管得好不好却有天壤之别。没有哪一家企业在不重视企业管理的情况下能把企业做好，这正是企业重视管理的原因所在。获得成功的方法各有不同，而支撑成功的原理大致相同，管理的成败亦如此。

Chapter ·2·
企业经营之道 —— 27

经营能力体现为组织运行的结果；经营能力与领导层的综合素质息息相关；经营能力的关键在于对企业本质的认识和对企业精神的追求，以及对行业的专业程度和对人性的认知。

Chapter ·3·
企业文化构建 —— 49

管理是从了解人性开始的，人的起心动念则取决于其成长与生存的环境。有人的地方就有文化，良好的企业文化是培养团队共同思维方式、价值取向、行为习惯的自发管理系统。企业转型升级理应从企业文化的重塑开始。

Chapter ·4·
企业团队打造 —— 71

企业团队是人构成的，没有人就没有一切。企业团队的作战能力取决于其对事业的热爱与执着，对道德底线的坚守，对专业能力的精进，对社会改革的应变，更取决于团队领袖的带队之道。

Chapter · 5 ·
管理用人之道 —— 105

管理高手是把每个人的激情、潜能激发到极致。无人可用或是因人而用，都取决于领导用人的水平。选人、育人、用人、留人、送人处处是关键。

Chapter · 6 ·
管理自修之道 —— 125

人生就是旅行，管理就是修行，领导的道行不同，企业的管理水平就大不相同。内求是进步的开始，外求是退步的起源。

Chapter · 7 ·
管理模式设计 —— 153

企业管理是个系统工程，牵一发而动全身，企业往往为了解决一个问题而制造了多个问题，拆东墙补西墙时有发生。管理模式的系统设计是解决问题的根本之道，科学的管理模式可以避免问题的发生，不好的管理模式则是问题的开始。

Chapter · 8 ·
企业营销管理 —— 179

营销的精准建立在大数据管理之上，销售过程基于流程规律的设计，优质的客户服务是数据与信息准确的成果，好业绩源于团队的专业，营销应更重在营销的管理。

正睿简介 —— 201

后记 —— 203

Chapter · 1 ·

管理失败真相

企业领导智慧：正睿观点

1

企业面临的最大问题是组织出了问题。组织能力就是企业的生产能力，组织是企业群体的代名词。

任何企业都会存在问题，没有问题的企业已经消亡。企业每个阶段都有每个阶段的问题，生存阶段有生存的问题，发展阶段面临发展的问题。任何企业的发展都是一个持续改进的过程，但企业面临的最大问题就是组织出了问题，所以对一家企业而言，组织运作是否健康是关乎生死存亡的大问题。

2

企业的一切问题都是老板的问题，只要老板不改变，一切别想改变。

企业老板是企业组织的核心。一家企业组织架构的形成一定是以老板为核心，自上而下形成的。任何一家企业，在一定时间内，谁都可以替代，唯独老板难以替代。基层员工的问题影响有限，但企业老板的问题在组织工作的传递中会被扩散放大。"变山变水先变人，变人先变带头人。"企业变革一定是由老板主导自上而下完成的。

企业永续经营的唯一规律和不二法门就是改变。

企业只有适应了社会的发展，才能不断地向前走。不停地改变自己，这才是企业永续经营的唯一规律和不二法门。世界上唯一不变的就是变，企业只有不断改变，才能改变一切。

企业改变是一时的痛，不改变则是永久的痛。

在日新月异的改变的大势和潮流中，无论是个人还是企业，都应该遵循改变的规律，唯有如此才不致于被淘汰。企业要不断地调整经营策略，调整方向，从而实现自我蜕变。决定着一家企业能生存多久的关键是自我改变的能力。自我改变是很痛苦的，很多的企业在这种自我改变的过程中沦陷了，消失了，但也有很多企业在自我改变的过程中"更上一层楼"。改变在某种程度上也是一种机遇，但是，它同样承担着风险，要么在改革过程中走向没落，一蹶不振；要么在改革过程中脱颖而出，凤凰涅 。所以，改变很难，但是不改变更难。

5

这个世界在改变。我们要迅速改变，适应社会，适应这个时代的改变。以前是"大鱼吃小鱼"的时代，后来是"快鱼吃慢鱼"的时代，现在是"群鱼吃大鱼"的时代。

为什么说百年企业那么难？百年企业根本就不难，难在它没有改变的能力，难在它的改变太慢，适应社会改变的节奏太慢。恐龙强大不强大？但是现在找不到活恐龙了，我们现在只能到博物馆去找它的尸体。为什么恐龙会灭绝？因为在地球整个环境发生剧烈变化的时候，它没有蜕变。强大并不可怕，可怕的是不主动寻求改变。再强大的企业如果不适应时代社会之发展，也不免走上衰退的道路。

6

很多人把管理理解成做事的层面，而不是把管理理解成是管理思想。

管理的最高境界是把人的能量、激情等发挥到极致。我们管人和用人不能把人才当成机器，因为人才是有思想，有情感，有血有肉的。用人的最高境界是用其思想。一旦他们的思想和潜能迸发出来，他们的创造力、执行力就会倍增。用人才的思想和智慧，这也是用最低成本产生最高价值的用人模式。

> **中国职业经理人市场普遍是不成熟的，老板的误区是把职业经理人当成自己游戏的执行者，而非游戏的制订者。职业经理人大部分是把自己定位成游戏的制订者而非执行者，从而两不相让、水火不容，不欢而散就成为必然。**

中国民营企业基本的管理现状是不专业，表现在职业经理人和企业老板的双重不专业。其中，企业老板专业与否的重要性不亚于职业经理人是否专业。职业经理人和企业老板因为种种矛盾最后分道扬镳的现象层出不穷，但更多的矛盾来自双方的不专业。我们经常遇到一个很奇怪的现象：职业经理人抱怨老板不专业，或者是越界或者是不放权等；企业老板抱怨职业经理人不专业，或者管理混乱或者经营不善等。事实上是，两者的专业性都有待提高。企业不仅需要职业经理人，更需要职业的老板，两者缺一不可。老板职业，职业经理人不职业，那么就产生不了共鸣；老板不职业，职业经理人职业，就很可能会出现老板不理解职业经理人的现象；老板不职业，职业经理人也不职业，那结果就更糟糕了，只能是乱上添乱。由此可见，对于企业老板和职业经理人而言，无论是哪方面的不专业，都会对企业的长远发展产生消极影响。

8

一名企业家不但要成为一名思想家，更要成为一名教育家，然后才是一名优秀的企业家。

很多企业家招了"能人"之后，要求"能人"按自己的方法做，不是用他的思想和他的创新能力，而只是把他当作执行者来用；不是用他的脑，而是用他的手，这也是中国职业经理人市场不成熟的主要原因。用高素质人才是用其思想，不是用其执行力。

9

老板把企业当成什么，企业就是什么。

日本"经营之圣"稻盛和夫讲到："企业的发展规模不会超过企业家思想之外。"老板对企业的认识决定了企业的发展。老板是把企业当成自己的还是社会的？老板认为企业的核心价值观是客户第一，还是员工第一，还是股东第一？老板创立企业的使命、愿景或原动力是什么？……所有这些都会决定企业的未来，并在企业的发展中产生非常深远的影响。

人们都希望自己是游戏规则的制订者，只要求别人怎么做，而自己可以不执行游戏规则。

对组织而言，企业的流程制度等游戏规则是企业所有人必须共同遵守的。企业老板和管理者不遵守游戏规则，这是对组织的最大破坏。

现在管理最核心的问题是很多人不具备管理者的基因，很多企业错把庸才当"千里马"。

韩愈云："世有伯乐，然后有千里马。千里马常有，而伯乐不常有。"企业把千里马当成庸才固然不可取，可是企业把庸才当成千里马也是很大的错误。人才对企业的发展至关重要，管理型人才更是稀缺匮乏，正所谓"千军易得，一将难求"。企业培养人才的第一步是要选好苗子。

12

企业真正的精英人才是不流动的。

真正的人才是稀缺的。在人才市场招不到精英人才，源自于精英人才的不流动。人才也存在市场竞争，就如大浪淘沙，留下来的就是千锤百炼的真金。既然是精英，伯乐们为他排队还来不及，精英又何必去人才市场找工作呢？企业又何必去人才市场呢？

13

企业管理是一个不断完善、精进的过程。

现在，很多企业被市场摧残得对管理的理解有些扭曲，企业效益不好了就强化管理，企业运作正常了就对管理不重视。很多企业对管理追求的是短期效益，追求的是立竿见影的效果，要求几天甚至几十天之内就能给企业带来规范化，带来起死回生的灵丹妙药，真有一点临时抱佛脚的味道。别忘了，企业管理是一个不断完善、精进的过程。

管理升级是企业自我完善的过程。

　　这里面涉及一个核心问题：管理升级的主体是谁？是企业本身。很多中小企业的问题就是自我改变的能力太差，中小企业的核心文化应该是自我改变的文化。

市场经济的法则就是优胜劣汰。最先消失的企业一定是没有竞争力的企业，任何企业要想在残酷的竞争中生存下去，就必须提高自己的核心竞争力。

　　企业多一分竞争力，就多一分生机。特别是在经济寒冬时期，企业必须不断地苦练内功，增强自身的核心竞争力。

16

企业最核心的竞争力就是自我改变的能力。

改变源于遵循自然规律，恐龙的消失当然有外部因素，但最终是因为它已经适应不了新的生存环境。企业也是如此，它来源于自然社会，应该适应于自然社会，否则终将走向消亡。

17

企业的"死亡之谷"往往就是在企业的高成熟期，很多企业在这个时期要么遭遇"瓶颈"停滞不前，要么开始走下坡路。

企业是一个生命体。任何企业都有自己的生命周期，都会面临着衰老和死亡。在竞争激烈的市场环境下，企业要么通过蜕变走向重生，要么就走向死亡。一般来说，企业的发展会经过起始期、发展期、成熟期、下滑期和衰败期五个阶段。当企业处于成熟期时，发展达到了巅峰，企业此时又是处在最危险的时候。企业在发展期如果能够痛下决心进行升级，那么企业就会迎来另一个发展周期，开始企业真正的"第二条生命线"。在这条生命线中，当企业再次从起始期发展到成熟期时，企业将迎来第二个"死亡之谷"。企业每次安然度过"死亡之谷"，意味着企业的发展又上了一个台阶，否则就会栽跟头甚至走向衰退。

Chapter · 1 · 管理失败真相

企业最大的危机就是没有意识到危机的存在。

　　没有一家企业强大到了无人跟它竞争，没有哪一家企业强大到没有危机，只是企业没有意识到危机，这才是真正的危机。

18

急功近利的企业与管理咨询公司之间的合作注定是一次短期婚姻。

　　老板有意无意地逼着管理咨询公司要给企业创造短期效益，管理咨询公司被逼得只能开出短期"止痛止血"的药方，甚至不惜采用吃"兴奋剂"的方法或者开出饮鸩止渴的药方，这种短期的增长只会带来更大更持久的发展隐患。这样，企业和管理咨询公司之间的合作，就成了一次急功近利的短期婚姻。

19

20

企业管理是个系统工程，牵一发而动全身，企业效益是企业管理整体系统运营的结果。

要全面系统看待和解决企业的问题。例如，企业里的生产和销售是相互影响、相互制约的。销售的不稳定就会导致生产的不稳定，生产的不稳定也会导致销售的不稳定。这就要求我们不能就生产谈生产，就销售谈销售，如果不能全面系统地看待和解决企业的问题，只是"头痛医头，脚痛医脚"，那永远也不能真正地解决企业的问题。

21

组织结构的调整要遵循"责任唯一化"的原则。

凡是同一件事情交给两个或两个以上的人或团队负责的时候，这个事情一定是没有着落，不了了之的。要么是没有把事情处理好，要么就是推卸责任，要么是没有足够重视起来。因为共同负责的人心里会盘算，搞不好又不是我一个人的责任，最多我承担百分之五十的责任；搞得好了又不是我一个人的功劳，最多我也只有百分之五十的功劳。

企业最大的矛盾就是个人观念与组织观念、个人行为与组织行为之间的矛盾。

企业要想提高组织运作效率，必须实现个人观念与组织观念、个人行为与组织行为之间的良性互动。个人观念和行为的问题很多是社会性问题，企业只有不断地让员工的观念和行为与组织的观念和行为相符合，才能实现组织效率的最大化。

走老路去不了新地方，企业管理升级必须改变大家的观念。

不破不立。所有现象的背后都是一个观念的问题，正确的观念没有树立起来，错误的观念就会大行其道。有正确观念的人在做着正确的事，走的是正道；有错误观念的人在做着错误的事，走的是歧路。观念的问题不解决，就是完全凭经验在盲目地做事情，就像是人走在黑暗的阴沟里，必然会跌跌撞撞。一个人一旦具备了正确的观念，其行为就有了正确的方向和指导，就如行走在平坦大道。观念问题一定是所有问题的源头。

企业领导智慧：正睿观点

24

现在很多企业的责任心和执行力提升不起来的最大的原因是过分迁就了员工个人主义的心态，而忽略了组织的功能和纪律性。

在很多管理者看来，要让没有责任心和执行力的员工留下来工作，就只有放弃组织原则，迁就员工个人主义的行为，结果导致管理者要"哄"着员工做事，企业的执行力、责任心陷入恶性循环的境地，久而久之形成了不良的企业文化。

25

员工没责任心的原因不外乎两种：心态不好和专业能力不够。

管理者要把员工没责任心的两种原因进行量化，量化之后就会清楚责任心的问题是什么。如果心态不好就要进行调整，专业能力不好就要进行培养，调整和培养不了的只能进行淘汰。

员工的执行力问题不是认识到就能做到，是习惯性问题。

　　习惯的形成要经过三个层面：第一是认知的层面；第二是行动的层面；第三是习惯的层面。如果只是停留在第一个层面，那只是"知道"而已，并且大多数人也只是"只知其一，不知其二"或者是"知其然，而不知其所以然"。如果一个人在认知的层面存在偏差和错误，就谈不上正确的行动。一个人正确的行动一定是受正确观念的指引。知道不一定能做到，如果能够做到，就已经进入了第二个层面。但是，一次做到并不代表一直能够做到。如果能够坚持一直做到，那就进入了第三个层面。只有进入了第三个层面，一个好的习惯才算最终形成了。在现实生活中，我们会看到大多数人都只是停留在第一或第二个层面。

27

企业的竞争优势体现在哪里？竞争优势，归根结底，是管理的优势，而管理的优势则是通过细节来体现的。

魔鬼隐藏在细节里，细节决定成败。任何一家企业如果能够把一系列的细节总结成为标准，则更加威力无穷。企业管理的规范化，说到底就是力求细节的标准化，精益求精，尽善尽美，这是一家企业最大的财富和竞争力。

28

当今时代是高度竞争的时代，高度竞争的时代是高效组织得天下的时代。高效组织必然伴随着高度分工，高效组织的一个明显的特点是专业的人做专业的事。

高效组织是组织发展的最高形态，管理的最高目标就是要打造一个高效组织。专业才能高效，专业团队才能打造出高效组织。高效组织的理想状态就是实现"自我管理"和"自我经营"。

> **29**
>
> 要想成功，就要懂得合作，懂得合作就必须要过了财富关和困难关。

人要成功，必须迈过财富关和困难关。如何使用金钱取决于一个人的财富观，拥有财富、窥见金钱奥妙的人都深谙金钱的使用之道。金钱只是一个流量，人民币是人民的。一个人能使用多少的财富就配得多少的财富。对待困难的态度，直接影响着一个人每一步的成功。遇到困难就逃避，困难永远是成功的障碍。人就是要把困难看做正常，把不可能做成可能。要想成功，就要有这颗平常心。

> **30**
>
> 现在的企业面临十大困局，有五大内忧和五大外患。五大内忧包括：成本高涨、售价不涨、招工困难、专业化程度低和管理落后；五大外患包括：由蜂拥投资到产业转移、由成本优势到微利时代、由粗放式生产到产业转移、由供不应求到产能过剩、由发达经济到新兴经济。

这是我在2008年总结出来的对中国宏观经济的概括，直到今天仍不过时。市场经济的法则是优胜劣汰。最先消失的一定是没有市场竞争力的企业，它们因为没有在暴风雨来临前做好充分的准备而消失。任何企业要想在残酷的市场竞争中生存下去，就必须提高自己的管理竞争力。只有那些凭借自身的核心竞争力生存下来的企业最终才能发展得更好。

31

对企业而言，做正确的事远比正确地做事要重要得多，因为做正确的事是方向层面的问题，正确地做事只是方法层面的问题。

做正确的事是指方向正确，正确地做事是方法正确。如果方向对了而方法错了，还可以及时纠正和调整；但如果方向错了，方法越正确，失败就越大；如果方向错了，方法也错了，那就是错上加错。所以，企业管理首先要正确决策，否则企业的管理就永远处于不断调整当中，行驶在不确定的轨道上，甚至会出现南辕北辙的情况。做正确的事是正确做事的大前提。

32

某种程度上讲，企业也是生命体，企业盈利是企业的本性，是企业得以延续的血液，企业本身也有"自利"的属性。企业只有弘扬尚正抑恶的精神和原则，才能最大程度地实现各方共赢的目的。

北京大学光华管理学院张维迎教授在其著作《市场的逻辑》中讲到：市场的逻辑就是"利他"才能"自利"。稻盛和夫也认为"自利利人"。企业要想在市场竞争中生存下去就必须实现持续盈利，而实现持续盈利的途径就是能够为市场持续提供满足市场需求的有价值的产品和服务，利他才能利己。

Chapter · 1 · 管理失败真相

33

企业招工难的问题是表象，根本还是留人的问题。如果不解决留人的问题，招工难的问题永远是问题。企业方应该转变思维，把心思和精力用在如何留人上，那么招工难的问题也就会迎刃而解。

招工难的问题首先是留人的问题。要造血先止血，不然再多的血也会流尽。所以，企业现在招工难的问题最紧要的是留人问题，但现在的很多企业恰恰本末倒置了。在解决好留人的基础上做好招聘工作，就相当于"节流开源"，企业招工难的问题才可以得到真正解决。中小企业应该去除陈旧的人才观念，上世纪八九十年代那种工厂门外排着长队等着应聘的现象已经一去不复返了，现在真正进入了招工难的时代。所以，中小企业整个人才培养机制系统建立起来，主要是在为自己的运营发展提供后劲，在为自己培养人才，是增强企业稳定性的一个重要工作。人才培养机制系统是企业留住人的一个重要工具。

34

无公正，不管理。管理者一定要有公正心，这样才能建立起真正的管理权威和成就事业。

人都想自己掌控更多的权力和资源，问题是如何掌控更多的权力和资源？是为公还是为私？管理者只要有私心，一定不能成为优秀的管理者。管理者要做到"克己为公"，方能成就事业。

35

管理应该一视同仁，"制度大于天"才能树立管理的权威。

很多管理者都只想制订制度，自己游离于制度之外。管理者作为各方诸侯，都有自己的"小山头"，都只想做主导者，不想做被动执行者。这种情况的存在会破坏公司制度和管理权威。

36

企业活下来才是硬道理。

活着，就是最大的本钱。你的企业能不能开五十年或一百年甚至更久？这是最重要的指标。就像一个人能不能活一百岁，活不活得好那是另外一回事。企业也是同样的道理，活下去才是最重要的，活下去是活得好的前提。现在很多企业都在谋求做大做强，企业的管理者都在为先做大还是先做强争论不休。我认为，企业要先做活，活下去是第一位的，企业必须根据市场的变化做出自己的调整，否则再大的企业都有轰然倒下的那一天。

37

企业里的一切问题一定都会在现场集中体现。

企业管理问题的答案永远在现场。作为管理者要养成每天下现场的习惯，到现场去发现问题、分析问题和解决问题。离开了现场就容易脱离实际，也不利于问题及时有效的解决。

38

不出业绩的管理都是空谈。

所有的管理方法、管理模式、管理工具、管理理论、管理思想，都在解决业绩的问题。全世界汗牛充栋的管理书籍，没有一个不是以业绩为导向的。相反，不出业绩的管理不是好的管理。我们必须树立一个坚定的信仰：不出业绩的管理都是空谈。以个人而言，不出业绩的管理者也不是好的管理者。

39

目前国内中小企业普遍不重视管理模式的研发设计，治乱而非治未来。

企业需要系统性设计科学化管理模式；科学化的管理模式就是全员业绩管理模式。但是，现在国内的中小企业普遍不重视管理模式的研发设计，主要表现在以下五个方面：（1）没有意识；（2）没有能力，不专业，不系统，打补丁，缺乏专业性人才，职业经理人与老板都不职业；（3）没有规划，头痛医头、脚痛医脚，以现状问题看问题而非以目标看问题；（4）没有章法，缺乏原则，带来组织伤害；（5）追求短期利益，投机文化严重。

40

中国企业普遍不重视经营管理系统的研发设计。

研发设计不仅包括产品系统的设计，还包括运营管理系统的设计。落后企业与优秀企业的一个重要区别是：优秀企业普遍比较重视运营管理模式的设计，企业有一套属于自己的量身定制的科学的运营管理系统，方可走得更远。

41

优秀的企业往往会保持优秀，不优秀的企业很难优秀起来。

这是企业的宿命，原因在于企业的文化和基因。优秀的企业往往一直有优秀的文化和基因在传承，所以它往往会保持优秀；不优秀的企业之所以很难发展起来必然有其致命的缺陷存在。企业的经营管理有其自身规律，企业想打破这种"宿命魔咒"，就必须从根本上改良企业的基因和文化。

42

知识不等于专业，学历不等于能力。

专业，包含专业知识和专业技能两部分。有些人目不识丁但却很会做事，是因为他在长期的工作经验中积累并具备了相关的专业知识和专业技能；有些人学历很高做事却一团糟，是因为他没有把专业知识转化为专业技能。专业知识和专业技能是对工作指导方法的总结，可以有效地避免走弯路的成本，但是专业知识和专业技能也要经受效果的检验和修正完善。

43

成功的道路上都是孤独者在前行，因为没有几个人能坚持下去。

正确的事情放弃就是错的，错误的事情坚持就可能是对的。世界上最难的事情就是坚持。说它容易，是因为只要愿意做，人人都能做到；说它难，是因为真正能做到的，终究只是少数人。成功贵在坚持不懈的努力。

44

内求是进步的开始，外求是退步的根源。

一个人如果总是在别人身上找问题，就产生了一种消极负面的思维方式，他就给自己的失败找到了理由，觉得是因为别人没有配合我，别人没有做好，所以才导致失败。别人是不是由着我们来改变？我们自己改变了才能改变别人。你改变自己的思维是内求，当一个人认识到自己错误的时候就是进步的开始；当一个人没认识到自己的错误，认为都是别人问题的时候就是在原地踏步，甚至在退步。

45

从山顶掉下去只要一分钟，从山底爬上去要三天。

企业的经营管理如同爬山，无捷径可走，下山容易上山难。企业的发展需要日积月累的进步，需要克服重重障碍和历经千辛万苦才能有所进步。但是企业如果稍有松懈或遇到意想不到的事情，就会对企业的发展造成很大的风险和冲击。海尔集团首席执行官张瑞敏经常讲，企业的经营要"战战兢兢，如履薄冰"。

46

管理最大的问题是无法量化。

感性是管理者的天敌，管理就是要努力地让感性变成理性，这是管理学一直在追求的理想境界。管理本来就是跟人打交道的，但人是非常复杂的，所以，管理者要想尽一切办法把问题和事情量化，才能找到问题的根本，也才能更好地去解决问题。

47

管理不是懂不懂、知道不知道的问题,而是能否做到和做好。

"懂得"不如"做到","知道"不如"行道",如果只是把管理专业停留在"知不知道""懂不懂得"的层面,这样的管理只是停留在认知层面。企业的管理,懂不懂得、知不知道是很重要,但最重要的是做不做得到、行不行得到。懂了不等于做了,做了不等于做好。

48

企业是靠发展解决问题,但是发展也会带来新的问题。

企业的发展要么是靠产品研发来拉动,要么是靠营销来拉动。无论是哪种方式,公司系统的管理模式和团队能力一定要跟得上。因为公司在快速发展阶段一定要充分考虑业务消化能力,发展是会解决一些问题,但是发展同时也会带来很多新的问题。因为突然暴增的订单会对企业的管理、品质、团队、服务、文化等提出更高的标准和要求。史玉柱曾经讲过:"很多企业不是被饿死的而是被撑死的。"

Chapter · 2 ·

企业经营之道

企业领导智慧：正睿观点

1　一生只做一件事，把生命中有限的时间聚焦到一点爆发，实现生命价值的最大化。

　　因为每个人的时间、精力和资源等都是极其有限的，所以企业经营必须首先聚焦，要有明确的定位和清晰的目标，然后持之以恒、全力以赴地达成。聚焦，就是一公分的宽度，做出一公里深的事业。

2　一家企业的价值取决于给社会带来多大价值。

　　一家企业经营得好坏，取决于给客户带来多大价值。市场是把双刃剑，企业忽悠客户就是忽悠自己，企业帮助客户就是帮助自己。一家企业靠不正当经营难以做大和持续经营，只有互利共赢才是企业经营的王道。

Chapter · 2 · 企业经营之道

做企业就是做优势，只有优势才能体现企业的价值。

　　企业优势就是企业的核心竞争力，"人无我有，人有我强"就是企业的竞争力。企业经营一定要精准定位并不断塑造自己的核心竞争力，通过提升自己的核心竞争力在市场竞争中始终保持竞争优势，没有核心竞争力的企业是没有未来的。

现在民营企业要改变思维，从私人企业过渡到社会型企业，企业来源于社会，应回归于社会，才能解决基业长青的问题。

　　民营企业要从私人企业过渡到社会型企业，除了企业老板要有一定的视野和胸怀之外，必须要有一套科学的经营管理模式作为保障。企业回归社会，集社会资源和社会之力，才能永葆基业长青。

5

企业在积累期做的是加法，在发展期做的是乘法，管理是关键。

企业在积累期资源有限、困难重重，坚持就是胜利，活着就有机会，这个时期一点一滴的进步都异常艰难；企业在发展期会涉及资源裂变、人才汇聚、组织运营等，这个时期企业的发展会比较快速。但是，无论企业在哪个成长阶段，管理的好坏都是企业经营成败的关健。

6

作为一名经营者和管理者，对待企业里的任何事情和任何人，均需用发展变化的眼光看待。

万事万物都在变化。今天是优点，明天可能是缺点；今天是风险，明天可能是机会；今天是先进，明天可能是落后……一切都在变，成败不仅是今天，还是明天。

Chapter · 2 · 企业经营之道

企业经营要关注组织效率和效益。

组织效率是指组织管理工作投入的劳动量与劳动效果之间的比率。企业效益实际上是指企业的经济效益,它是指企业的生产总值与生产成本之间的比例关系。企业经营本质上追求的是"投入产出比",体现在管理上就是组织效率和效益的最大化。

企业经营遵循"道生一,一生二,二生三,三生万物"的规律。

道生一,就是从零到一的过程,这是最重要的第一步。一是所有事情的开始,好的开始等于成功了一半。从一到三是量变的过程,量变会发生质变,从而达到万物因此而生,这也符合马克思辩证唯物主义的量变到质变的规律。企业经营也遵循这个规律。

31

9

"两高一低"法则即最高效率、最高品质、最低成本，乃经营与管理的决策之道。

做任何事情都会有很多种方法，但是能够满足"两高一低"法则的只有一种方法，即遵循这种原则做出的决策才是最佳决策。

10

经营企业，价值观很重要。企业老板一定是企业文化的缔造者，经营企业就是经营思想。

价值观是一家企业的灵魂。企业老板必须树立正确的价值观，才能形成好的企业文化。前IBM总裁路易斯·郭士纳曾说："企业文化是老板的影子。"价值观就是思想理念，经营企业说到底就是经营思想。

Chapter · 2 · 企业经营之道

11

运营高手一定知道自己要什么以及要去哪里。

　　企业的运营高手只有清晰地知道自己要什么以及要去哪里，才能更好地带领团队达成组织目标。运营者假设在企业方向上出现了错误，会让企业走向泥潭或深渊。

12

管理是经营的过程，经营是管理的结果。

　　企业管理活动是为经营结果负责。衡量管理的四大指标是成本、交期、品质和服务；衡量经营的两大指标是利润率和市场占有率。

13

企业老板更多的心思应该放在企业经营管理的顶层设计上。

任何一个人的精力、时间和资源等都是非常有限的。组织里的任何人都应该做组织需要、与组织中角色相匹配的事情。企业老板不能沉浸在管理的琐事当中，要把精力放在企业经营管理模式的顶层设计上。

14

管理思维追求的是对与错；经营思维追求的是投入与产出。

管理思维和经营思维是两种不同的思维。管理思维讲究的是原则性，追求的是对与错，是为过程负责；经营思维讲究的是业绩，追求的是投入最小化、产出最大化，是为结果负责。

大商做企业价值，小商做企业利润。

　　大商注重做企业的核心价值，通过核心价值的提升让企业变得值钱或赚钱；小商关注的是企业利润的增长。企业有核心竞争力才会有持续盈利的能力，才会赚取更多的市场利润。

这个世界只有第一，没有第二。办企业要办出自己的个性。

　　企业产品要做出自己的优势，相同中体现出创新，差异中突出特色。切忌单纯的模仿，失去了自己的个性，从而迷失了方向。

17

每个企业存在的理由一定是市场决定的，企业如何打造核心竞争力一定取决于企业的定位。

企业经营如果不具备整体优势，就一定要有局部优势，一定要有自己的核心竞争力。要么是价格优势，要么是品质优势，要么是售后，要么是交期，要么是服务等。企业对人才的吸引力也是一样，要么是学习，要么是收入，要么是平台等。竞争力就是打出企业竞争优势并创造卓越的那张牌。

18

企业是商业模式、资本模式和管理模式的结合体。

企业的商业模式是整合社会资源价值，资本模式是让企业资源产生最大价值，管理模式是让商业模式与资本模式产生最大价值。

Chapter · 2 · 企业经营之道

企业管理模式的好坏决定着组织效率和团队战斗力。

评价和检验管理模式设计的好坏要看其实际的实施效果，也就是对组织效率和团队战斗力的影响程度，一套好的管理模式能够有效提升组织效率和团队战斗力，反之亦然。

管理之道即自然之道，顺应人道、国道、天道，周而复始、生生不息。

管理要顺势而为，遵循自然规律。所谓的自然规律就是一切从实际出发，对人性特点、企业实际、市场规律、国家体制政策、世界经济形势等都要有全面、深刻的认识和理解，只有建立在此基础上的管理，才会有持久的生命力。

21

好管理，就是能够很好地坚持原则，坚持原则就是最简单的管理，简单到以不变应万变。

　　坚持原则是一名优秀的管理者要具备的品质，也是很多管理成败的分界线。对管理者而言，坚持原则就是维护企业的利益，放弃原则就是伤害了企业利益。管理者对原则的放弃就会导致管理中不公正的产生，管理者的权威也很难树立起来。

22

大道至简，企业管理问题的难度源于复杂，管理就是把复杂的事情变成简单，简单到人人都可以做，因为效率来源于简单。

　　企业的规范化管理一定建立在标准化基础之上，标准化不但让操作简单可控，并且易于固化传承。企业只有标准化才会产生更高的组织运作效率，才会实现规模化生产和经济效益。

23

大道至简，简到极致就是最好的。

老板一定要简，简到极致；老板不要故作高深，让所有人去猜你的意思；老板要善于把复杂的问题简单化，简单到人人都可以做；大道至简，最简单的一定是高效的，公司是这样，管理也是这样。

24

做成一件事需要的是综合能力，要养成成功的习惯。

做成任何一件事都很不容易，不成功说明自身能力有短板；成功了，自身的能力和信心随之倍增。成功做成一件事，后面就如风行水上，成功接踵而至，因此要养成成功的习惯。

25

一家优秀的企业的研发包括两部分：产品研发和运营管理模式研发。

企业要重视研发和创新，企业的研发和创新包括两个方面：产品研发和运营管理模式研发。很多企业重视产品的研发和创新，却忽略了运营管理模式的研发和创新。这样企业的发展因为缺少科学的运营管理模式的支撑而困难重重。

26

企业最核心的定位是产品定位，产品定位来源于市场需求信息。

企业的市场定位、消费者定位、品牌定位等都是由产品定位决定的。产品定位来源于市场需求信息，企业产品要么激发大家的需求引领社会的进步，要么满足消费者本来就有的需求。最伟大的企业是能够发现消费者的未知需求并能够引导社会消费的企业，如苹果、谷歌等。

Chapter · 2 · 企业经营之道

27

在整个企业战略转型过程中，产品的转型和创新是首要的、核心的。

企业里所有的经营管理活动都是围绕着产品展开的。任何一家企业的核心竞争力都是围绕产品而产生，产品不过关或者不升级，那么企业的任何升级其实都是不彻底的，是缺乏主线的。

28

市场化的游戏规则：一定要让自己变得更强大。

市场竞争的铁律是优胜劣汰，企业要想实现市场化生存就必须提高自己的竞争力。企业就像是生命体，只有变得越来越强，才会有越来越大的生存空间和越来越多的市场机会。

29

优秀的经营者和管理者会在企业发展的不同阶段寻找新的目标和挑战，探索新的发展课题。

优秀的经营者和管理者绝对不会让企业风平浪静，因为风平浪静往往蕴藏着更大的风险和危机。他们会在企业不同的发展阶段不断地给自己的团队带来新的"刺激"，用自己内心的热情燃烧到企业里的每一个人，让企业里的每一个人都能看到企业的未来和希望。

30

优秀的经营者和管理者不会安于现状，而会积极探索，为组织带来新的希望。

对企业经营者和管理者而言，太安于现状了不是好事情。企业经营者和管理者一定要积极探索，从而为组织带来新的希望。每一个阶段希望的达成或现实的调整，也是下一阶段新希望的开始。

31

一名优秀的领导一定懂得左手给压力，右手给希望。

优秀的领导者会特别关注员工的工作状态和心理动态，不断地在企业不同的发展阶段树立新的目标，鼓舞大家的工作士气；同时也会给予团队新的工作压力，感召和带领大家一起努力实现。

32

所有企业的经营管理活动都是围绕着企业的愿景、使命和价值观等核心理念而展开的。

任何一家企业在创立之初就必须明确企业的愿景、使命和核心价值观等经营管理理念，如果这些经营管理理念不确定或模糊的话，就必然导致企业在后期的发展过程中走很多的弯路。企业在发展过程中所有的经营管理活动都必须捍卫和坚守企业的经营管理理念。

33

企业要做长跑冠军,不要做短跑冠军。

企业的发展必须实现短期目标与长远目标相结合,短期利益与长远发展相结合,企业不能为了短期目标和利益牺牲长远发展目标和利益。

34

企业要让每个人都是盈利的。

企业要实现高效运作必须提高组织运作效率,表现在经营上就是盈利能力。假设一家企业有100个人,有20个人是盈利的,有60人是亏损的,有20人是保本的,那么实际上这家企业是严重亏损的,企业员工中的"负资产"远大于企业里的"正资产"。假设这家企业里100个人都是盈利的,那么这家企业就实现了业绩最大化。

35 企业的本质是一个盈利机构，对企业的操盘手而言，不盈利就是一种犯罪。

企业的本质和属性决定了其必须盈利，盈利是企业的血液。企业可以短期内不盈利，但是长期来看必须盈利，企业不盈利终究没有未来。企业的操盘手要把盈利当作企业的第一指标。

36 业绩最大化最核心的是三个方面：目标同向，组织同向，业绩同向。

企业是先有目标然后有组织最后才有业绩，企业只有实现目标同向、组织同向和业绩同向才会有最佳导向，才能真正实现业绩的最大化。

37

日本的阿米巴管理不符合中国的国情。

稻盛和夫的阿米巴管理模式比较适合日本企业的实际情况，但中国企业却不能生搬硬套。因为日本和中国的国情、国家体制和民族文化等有很大的不同，如日本文化崇尚终身雇佣制，员工以离职为耻；中国企业是短期雇佣制，员工跳槽频繁，而员工的稳定性对管理模式的设计和效果有很大的影响。

38

人才是企业发展的第一战略。

老板关注的是人才，关注人才能否帮自己解决企业问题。企业老板才是真正在做着企业人力资源的事情。老板天生就"求才若渴"，他会时刻关注人才、寻求人才解决自己企业现在或未来的问题。

一家公司不能有"顶",去"顶"才是适应自然规律的。

任何公司的发展都会遇到"天花板",但只有突破"天花板"才会有所成长。另外,企业对公司里的任何员工也不要设顶,在不同的发展阶段要设立相应的晋升通道和成长激励模式。企业一旦有"顶"就意味着有了发展的局限性和障碍。

Chapter · 3 ·

企业文化构建

企业领导智慧：正睿观点

1

人是习惯的奴隶。

　　思想决定行为，行为决定习惯，习惯决定性格，性格决定命运。一个人的习惯包括思维习惯、行为习惯、生活习惯和工作习惯等，习惯对一个人的工作、生活甚至人生等有非常重大的影响。

2

企业文化形成的过程路线是：理念—行为—习惯—文化。

　　理念是企业文化的起点。有了理念之后，就要把它转化成具体的行为，并且长期坚持下去，形成了与经营管理理念相吻合的习惯，再通过企业的人——从最高领导到基层员工一直传承下来，最终形成企业文化。

Chapter · 3 · 企业文化构建

3

员工执行力存在的问题是习惯性问题，不是认识到就能做到。

　　执行力的核心问题是要执行到位，认识到不等于做到，做了不等于做好。企业员工执行力差可能有很多种原因和影响因素，从个人层面来讲，更多的是执行力思维和习惯的问题。一般来讲，执行力强的人更容易成功。

4

学管理从了解人性开始，着重在于心理学和行为学。

　　企业所做的一切管理活动，都是围绕着改造员工的思想和激励员工的行为来展开。心理学和行为学就是研究人的心理和行为规律的科学。管理者必须深刻了解人性才能真正做好管理。

5 管理最好的方法是实现团队的自我管理。

　　管理主要分为被动管理和自我管理，主动和被动有非常大的差别。被动管理会产生更多的管理成本和浪费；自我管理就是通过打造组织的工作氛围和环境，培养员工正确的思维体系，激发团队的激情和创造力，从而让员工自动自发地完成工作。

6 企业文化打造就是培养相同的价值观念，也就是团队的思维取向，思维取向的形成是企业环境决定的。

　　行为是由思维和习惯决定的，思维和习惯是由环境决定的，人是环境的产物，什么样的环境培养出什么样的人，就如同什么样的土壤生长出什么样的作物。企业文化是管理环境的产物。心由境转，打造好的企业文化必须改造环境，企业文化的高手就是改变环境。

员工的责任心、执行力与核心价值观息息相关，因物质和精神追求的不同而不同。

如果说60后、70后是为了温饱、养家糊口而任劳任怨地工作，那么80后、90后是为了自我价值的实现而工作，他们寻求的是快乐工作的平台，更崇尚个性自由，喜欢开心地工作和生活。价值观的不同决定了管理方式的不同。

企业老板的价值观和性格特质对企业文化的形成和影响很大。

企业文化的形成跟老板的价值观和性格特质等相连。企业文化的形成一般是通过企业老板的言行把价值观、思维方式、工作方式等传播给中高层，然后通过中高层传播给基层员工。可以说，企业文化是企业老板"人格化"的体现。

9 企业文化是团队思维方式和行为方式的体现，统一价值观就是培养员工的价值取向。

　　企业文化是让人产生正确思想和行为的"无形之手"；企业文化就如同环境、空气和土壤等，员工的习惯就是在这个环境中养成的。企业文化通过塑造人的思维方式、行为方式来改变员工的思维习惯和行为习惯。

10 价值观不同是文化的天敌。

　　企业文化的内核就是价值观，价值观不同导致了企业文化的核心和源头不一致，在这种情况下任何文化打造的动作都会成为多余。企业文化打造就是统一企业员工核心价值观的过程。

Chapter · 3 · 企业文化构建

11

企业文化的形成在于大家要有一个共同的标准。

　　企业文化即精神文化、道德文化、行为文化，企业文化的形成必须有一个共同的组织目标、共同的价值取向和共同的行为习惯，从而形成共同的标准。企业文化打造的核心是用标准去同化，企业文化的标准一定要坚持，变来变去的标准就失去了同化的力量，更谈不上企业文化的传承，也谈不上健康文化的打造。

12

企业文化主要是"道德文化"。

　　企业文化的核心就是共同思维价值观的塑造，就是让企业里所有员工清楚什么是对什么是错，哪些是公司倡导的，哪些是公司禁止的。企业文化与道德文化的目的功能是一致的，都是扬善抑恶。

13

人分两控：一是自控，二是外控。道德文化解决的是自控，行为文化解决的是外控。

自控是指自我内心的约束控制，外控是指外部强加给人的约束力量。每个人靠自控形成自己内心的道德准则，企业通过流程制度等外控力量来影响员工的行为。

14

企业文化打造得成功与否，传播渠道是关键。

企业文化的传播渠道对企业文化的真正落地生根非常关键，企业文化的打造重在传播渠道的构建；在一定程度上，企业文化的传播可以做到无处不在，从而达到对企业员工的影响无孔不入的目的。

15

团队打造主要针对个人，文化打造主要针对群体。心态调整是第一位的，能力调整是第二位，品德调整是第三位。其中，心态、能力和品德的培养精髓在文化打造。

企业文化对人的改造是多方面的，有时会起到四两拨千斤的效果。企业文化最终形成的是一个"场景"，有很强的文化导向性，员工的心态、能力和品德等，在其中都会得到相应的同化。

16

改造人从改造人际关系开始。

马克思说过：人是社会关系的总和。组织里的人不是独立存在的个体，需要与组织内外的其他人发生各种工作或生活关系。一个人的人际关系对其思维的形成和发展有着至关重要的影响。

17

提升员工责任感首先要提升身份感。

要让员工具备主人翁的意识和责任，这取决于其对自我身份的定位和对企业的认同。如果员工自身认为或企业把员工当成一名打工者，那么要想让其具备主人翁意识或老板的思维和行为，那就是天方夜谭。

18

凝聚力源于员工的归属感，归属感源于依赖感，依赖感源于需求感，抓住一个人的需求，就能管好一个人。

管理必须关注人的需求，根据马斯洛的需求理论，人在不同的阶段有不同的需求并且人的需求是多层次的。管好人就是抓住人性共同和特殊的需求，不断地去激发人的积极性和创造性。

19

小企业的文化一般是老板的文化，大企业的文化是"大家"的文化。

小企业的企业文化受老板的影响特别大，大企业的企业文化的形成是企业老板和团队等的不断互动产生的。无论是小企业还是大企业，企业文化的打造都是一个循序渐进的过程，不可能一蹴而就，也不是一朝一夕能够改变的。

20

老板布道，主要是布自然之道、经营之道、正义之道和仁爱之道。

所有成功的老板都领悟到了很多的"道"。也许他们的经验很丰富和智慧超群，但懂"道"不懂"布"是老板阶层比较普遍的现象。企业老板布道主要是把企业的经营管理理念和企业文化等宣导给大家，树立和传播一种正能量和正文化。

21

技术永远取代不了一个人的心，布道不是布技术，布道是布心，布心主要就是布十大心法，包括清净心、觉悟心、谦卑心、公正心、仁爱心、敬畏心、责任心、上进心、事业心和感恩心。

小米科技董事长兼CEO雷军说过：不要用战术上的勤奋掩饰战略上的懒惰。同样的，"术"的层面的勤奋也难以弥补"道"的层面的缺失。领导者的"布道"就是要把员工本身具有的那些积极的、正面的等"正"的心态调动起来，这一点比起教育他们在技术上如何提升显得更为重要。

22

专业对当下，模式对发展，文化对未来。

专业技能解决的是企业实际具体问题，模式设计决定了企业未来的发展走向，企业文化的影响是极其深远的。企业管理必须既要在专业技能的培养上下功夫，更要对关系企业未来发展命运的管理模式和企业文化的构建持续重视和着力。

23

好的企业文化就是培养全体员工正确的思维模式和行为模式。

企业文化始终绕不过"做人做事，何为正确？"这个核心命题。对员工来讲，如果连什么是正确的方式、什么是错误的方式都搞不清楚的话，就可能对企业经营管理造成一定的伤害，而且这种伤害一日不纠正就有一日之成本，一人不纠正就有一人之成本。

24

所有企业的核心输出一定是文化。

企业最终向社会和市场输出的一定是文化，产品和品牌只是企业文化的载体。

25

标准的重要作用在于其明确地约束了行为，约束了行为就约束了思维。

没有标准会给管理带来各种不确定，不确定是管理最大的障碍。思维和行为之间是相互影响和相互制约的，可以通过标准化的行为约束达到约束思维的目的。

26

企业要把企业发展的愿景和使命渗透到每个人心中。

首先，企业老板和管理者要树立企业的使命和愿景必能达成的坚定信念。其次，企业老板和管理者要不断地宣导和传播使命和愿景，让所有员工确信其一定会实现，企业员工在努力的过程中一步步靠近目标，同时也见证了企业的壮大发展。

27

标准化不能限制员工的创造性。

　　人的创造性是最有价值的部分，管理上的标准化是为了提升组织效率，但是同时也要充分考虑不能限制和破坏组织内部的创造性。

28

企业文化管理是统一人们的思维方式，让其产生正确的行为。

　　企业文化就如空气、土壤一样，看似非常廉价实质至关重要。一家没有强大企业文化做支撑的企业是没有前途的。

29

企业要塑造真实、真诚的文化，管理者要"打假"。

企业如果存在不真诚、不真实的现象，例如欺骗、虚伪和不讲诚信等，都会对企业造成一定的成本。真实、真诚是有力量的，企业要建立一种"不说假话，说到做到"的企业文化。

30

企业要建立"一切用业绩说话"的文化。

企业必须实现盈利，企业的盈利是全体员工盈利的总和。企业管理者要有"业绩为王""一切用业绩说话"的思维，从"业绩"出发去管理和培养团队，让企业形成人人拼业绩的文化氛围。

31

企业开会的六要素：统一思想、调整心态、专业提升、解决问题、未来规划和文化传播。

　　会议是实现组织化运作的一种重要方式，管理者必须学会如何开会。很多企业的开会流于形式，开会是一门技术，管理者必须明确开会的目的和意义，通过对会议的控局达到组织运作的目的。

32

制度是从管理行为入手，文化是从管理思维入手。

　　制度和文化都属于管理的内容范畴，但文化管理和制度管理有很大的不同，制度是有限的，而文化是无限的；制度是僵硬的，而文化是灵活的；制度重在约束，而文化重在激励。

33

有了理念不等于有了文化，关键是理念如何成为行为。

任何一家企业都有自己的核心经营管理理念，但是有了理念并不等于会贯彻下去执行落地，更不一定会成为一种根深蒂固的企业文化。企业文化的落地扎根需要把理念变成一种行为。

34

破坏企业文化的人往往是领导，领导一般都喜欢定游戏规则要求别人，而自己不按游戏规则办事。

企业文化对领导者提出了更高的要求，领导者必须以身作则，高标准要求自己才能打造良好的企业文化。对中小企业而言，企业文化的高度取决于老板的综合素质。企业老板和领导带头破坏游戏规则，就是对企业文化的最大伤害。

35

管理不只是工具、技术和方法，它也是一种文化。

　　管理者不能只是停留在工具、技术和方法的层面，管理还是一种与人性、行为、人文等有关的文化。管理过程同时带来的也是一种文化的传播和传承，对企业的影响也会辐射和延伸。

36

人都有从众心理和正邪两面；舆论能引导正确的价值观，是激发人心向善的最好途径。

　　人为什么会有从众心理？因为人的本性是有恐惧之心的，找到组织和随从主流能够让其获得心理安全，不至于被社会或组织抛弃掉。舆论就是抓住了人的这个本性，所以努力营造一种所趋之大势，让人们在这种氛围中去获得心灵慰藉。所以，舆论能够通过造势引导正确的价值观。

37

好的企业文化是把看得见的变成组织行为,把看不见的当作土壤来耕耘;看得见的是冰山一角,看不见的是冰下的大山。

企业文化打造重在对看不见的思想意识层面进行潜移默化的影响。企业文化的打造通过文化环境的塑造影响员工的潜意识,然后到前意识、显意识层面,最终影响员工的行为层面。

38

没有标准的企业就不能有很好的企业文化;理念不清晰的企业只是"亚文化";只有"文"没有"化"不叫企业文化,叫口号。

文化包含"文"和"化"两个层面,"文"在古代同"纹",纹理之意,"化"是行为动作和结果。企业文化不是标语、口号和宣传栏等,那只是属于表面的"文"的层面,必须"化"到企业里每个人的思维和行为才算企业文化的真正落地。

Chapter · 3 · 企业文化构建

企业文化的传承靠人，团队是决定企业文化好坏的根本，打造团队是打造企业文化的关键，人才是第一位，企业抓传承主要是抓团队。

企业文化是通过人来传承的，而人是可以移动和变化的，团队中的人也是可以互相感染的。例如，如果团队里有一人有抱怨的言论，如果不及时解决和处理的话，就会影响团队中的其他人，这对企业文化也是一种破坏。

企业文化，先量化，再同化。

企业文化打造要遵循"先量化，再同化"的原则，首先要量化企业的理念和标准，在量化的基础上通过相关动作设计把理念和标准同化到大家的思维和行为当中。

Chapter · 4 ·

企业团队打造

1. 企业的发展取决于领导带队伍的能力。

"带队伍"的能力是衡量企业领导者水平的重要标准，体现了企业领导者能力的高低，决定着企业未来发展空间的大小。企业缺少核心团队就如一座房子缺少栋梁支柱。企业的领导者必须能够培养和带领更多的优秀人才出来，只有如此企业才能不断地发展壮大。

2. 团队要由不同的人来组合，实干家和理论家都不可或缺，虚实结合才是完美的团队。

没有完美的人才，只有完美的团队。个人的力量是有限的，但是各种不同的人组织起来协同运作就会产生更大的力量。优秀的组织是有包容性的，不是清一色的单一性人才，而是各种类型的人才都有，只有这样才能够给组织带来更多的创造性和活力。

3

要吸收不同的团队成员到企业，引进不同元素，培育好的理念，与原有的团队进行思想上的碰撞交流，这是导入团队思想成熟的最好方法。

"尺有所短，寸有所长。"每个人都有自己的的优势和短板，企业要创造一种吸引优秀人才的机制，让更多不同的优秀人才到企业大平台来为企业的发展增添新的血液。新老员工在合作中思想会碰撞，从而为企业的发展带来更多的机会和灵感。

4

团队精神就是合作精神，合作精神的本质是牺牲精神。

合作，意味着要有取舍，也就是牺牲精神。什么是牺牲精神？就是团队需要你做红花的时候，你要做红花；团队需要你当绿叶的时候，你要当绿叶。但无论当红花还是绿叶，都是为了共同的团队利益。企业利益是第一利益。

5 选好培养的人才,有时要把他当作是离不了婚的老婆,苦中有乐。打造核心团队要有不离不弃的精神。

核心团队一旦确定,除非万不得已,否则不要轻易放弃。因为核心团队的打造非一日之功,核心团队的流失会给企业带来很大的冲击。聪明的企业老板会选择跟核心团队捆绑式发展,营造核心团队不断地为企业发展持续贡献力量的平台。

6 企业领导是企业生存和发展的原动力,是企业信心和希望的最大源泉。

企业领导是企业的信心和希望之源,企业领导不停的奋斗是企业最大的信心和希望。企业领导一定要对企业的未来充满信心和希望,并且要把这种信心和希望传递给企业的每一位员工。假如领导对企业的未来都没有信心,员工何有信心可言?

7

企业所有的问题都来自团队的不专业。

企业永远存在问题,企业的问题都是可以通过团队的专业化来解决的,团队越专业越能创造价值,团队的专业化之路永无止境。

8

带团队不是靠义气,是靠正气。

带队伍不是靠请客吃饭,而要能够帮助他、提升他;无事献殷勤,非奸即盗,要有"同体大悲,无缘大慈"之心。团队打造的核心在"正"字。古人云:"其身正,不令而行;其身不正,虽令不从。"领导者如果不具备正义感,只是想靠请客吃饭等方式来拉拢团队,并不能给团队带来任何成长进步,也很难打造出精英团队并创造业绩。

9

领导者要善于通过一个点发现和分析问题的本质,从而剖析原理本质来影响团队。

领导者要善于解决问题,问题解决的前提是要具备发现问题和分析问题的能力,而要具备发现问题和分析问题的能力就需要管理者对专业上的原理本质有非常清晰的认知。如果没有原理本质做标准指引,对问题的基本判断和认知就很可能发生偏差。

10

真诚带人、带团队。

管理者一定要真诚。所谓真诚,就是"不说假话,说到做到"。一家企业必须树立真实、真诚的文化,不能掺杂任何虚伪虚假的成分。管理者以诚待人,就会换来团队的真心相待,才能传播和树立团队的正能量和正文化。

Chapter · 4 · 企业团队打造

11

管理者一定要学会公正评价，管理者公正、客观地评价下属的工作就是在帮他。管理者也只有把真诚的评价给予下属，才能和下属建立信任关系。

管理者公正、客观地评价下属的工作既是正义的体现，也是有担当的本分。管理者如果在涉及公司管理制度等原则性问题时不能做到公正客观，那么管理上就会发生很多扭曲变形，就很难打造一支有战斗力的"铁军"出来。

12

只有完美的团队，没有完美的个人。

一个人的力量即便再大也是非常有限的，但是团队的力量可以无穷。企业不提倡个人英雄主义，要实现组织化运作，发挥团队合作的精神。如果企业关键岗位的人才始终不能融入组织，这对组织长期发展就是一种伤害，这个时候领导者就要考虑是要一片森林还是一棵大树？

13

企业的发展源自于专业化分工，老板只做团队无人替代的事情。

企业的发展源于企业的专业化分工，专业化分工来源于团队的成熟，团队的成熟来源于领导带团队的能力，一个企业能做多大取决于领导带团队的能力有多大。最高领导只做团队无人替代的事情。

14

专业的人做专业的事，合适的人放在合适的位置，好管理不是因人设岗，而是因岗设人，效率来源于专业。

专业就是能够把自己所负责的事情做出最高的效率和最高的价值。专业人才是企业的宝贵财富，企业里的专业人才多多益善。好的管理是根据组织目标的需要因岗设人，不能本末倒置，因人设岗。

15

谁也逃脱不了基因说,"精心选择比精心培育更重要",材料决定宴席的丰盛,驴无论如何也成不了千里马,高效团队打造在于慧眼识真珠。

我们不宣扬"基因决定论",但是必须承认每个人的天赋和性格是不一样的。要想改变一个人的天赋和性格并不是做不到,而是要付出巨大的时间成本和改变成本,而且这种改变也未必一定能够成功。高效团队的选人要选团队需要的、真正能够创造价值的人才,用人要扬长避短,方为正道。

16

什么是企业人才?把自己的工作干得很出色就是人才。大浪淘沙,是沙自流,是金自存,留下来的就是人才。

在企业中要把工作做好并不是一件轻松容易的事情,要具备一定的工作能力,而工作能力是要有一定的工作经验积累才行,工作经验中包含着各种成本,如时间成本、培训成本和错误成本等。所以,企业中有能力的人一般是那些工作年限较久的人才,当然这也并不是说一个人在一家企业或一个行业待得越久越有能力。

17

所有的英雄都需要舞台，所有的企业都要有平台；舞台是英雄成就之始，平台是企业的生存之本。

英雄和平台是相互成就的，英雄渴望好的平台，好的平台呼唤英雄。企业只有把平台越做越大，才会吸引越来越多的优秀人才加入。

18

企业员工的能力有所不同，企业老板和管理者要区别对待和培养使用，不能苛求和急于求成。

企业员工根据能力可以分为五类：第一类，给目标，就能达到结果，这是董事长、总裁等类型的人才；第二类，给目标，给平台，就能达到结果，这是总经理、副总级别类型的人才；第三类，给目标，给平台，给方法，就能达到结果，这属于中层管理者类型的人才；第四类，给目标，给平台，给方法，培养技能，就能达到结果，这是合格员工应该具备的基本素质；第五类，给目标，给平台，给方法，培养技能，还不能达到想要的结果，这是企业要淘汰的员工。

19

培养人才的核心是培养其正确做事的思维方式。

　　人与人之间最大的区别在于思维，看一个人的说话和做事就能发现其思维方式。一个人的思维方式不正确，做事情的结果一定不会很理想。领导者培养人才一定要注意培养下属正确做事的思维方式，这是从根本上解决做事效率的有效途径，也是统一价值观的最好方式。

20

帮助别人，成就自己。

　　古言道：己欲达而达人，己欲立而立人。

企业领导智慧：正睿观点

21

我们向日本人学习的是"职业素养"，我们向美国人学习的是"创新精神"，我们向中国人学习的是"勤劳朴实"。

　　每个民族都有自己的优良传统和生存法则，我们要汲取世界上各民族的优秀文化来壮大自己的文明精神。例如，日本人的精益生产和工匠精神，美国人的包容和创新，犹太人的精明和执着，等等。当然，有着几千年不间断文明史的中国人也没有必要自卑，虚心学习和追求进步是一种开放、自信、勇敢等的表现，拒绝学习是封闭、保守、自大等的体现。

22

一个人的敬业精神源于对其所做事情的热爱。

　　兴趣是最好的老师。一个人只有热爱自己所做的事情才会真正地注入热情和持久钻研，才会克服更多的困难主动去追求更大的成就。不是发自内心的热爱而因各种原因被动产生的敬业精神是假的，也是不可能持久的。

23

大家不要怕能力被埋没，大树的根埋没得越深，就越枝繁叶茂。大海为什么能够纳百川？因为它低调。

"海不择细流，故能成其大；山不拒细壤，方能就其高。"越是人才越是谦卑、包容，因为他们清楚地知道自身的局限性和不足。骄傲自大者的能力注定有限，因为他们被骄傲蒙蔽了双眼，看不到别人的优势和自身的短板。

24

做管理要学会做思想工作，要定期与团队谈心，要时刻关注团队的心理动态，要学会引导团队思想进步、纠偏，让团队没有思想包袱。

管理就是管思想，带团队就是引领大家的思想，思想一致才可能保持行为同步。管理者要时刻关注团队的思想动态，通过具体的管理动作引导团队。

25

企业老板最缺的是一群跟他一样动脑筋的人，培养人才从培养正确的思维方式入手。

企业里的基本矛盾就是劳资矛盾，劳资矛盾背后的实质就是"为谁做事"的问题。如果一家企业的员工都具备老板思维，那么这家企业一定是把所有员工的潜能和能量发挥到了极致，这家企业一定是一家优秀的企业。企业培养人才就是要从员工的思维方式入手，培养员工"为自己做事"的思维。

26

企业用不好职业经理人，很大程度上是因为没有调整好其心态。

企业刚招回来的人如果心态没有调整好，对企业没有归属感，就承受不了压力，而企业只要急着给压力，那么双方分道扬镳是必然的，这样导致企业付出昂贵的招聘成本、试用成本，反复循环，老板抱怨市场没人才，人才抱怨老板急功近利。切记，压力只能给予愿意承受压力的人，用人首先要解决别人自愿接受压力的问题。

27

不要领导骂你就受不了，你应做到让领导无法骂你。做每一件事情都要有研究的心态，用心琢磨，用心去做，给自己定一个高标准，结果就是美好的。

企业领导不会无缘无故地责骂员工，必然事出有因。很多情况下不是领导吹毛求疵，而是员工太过粗心大意，没有用心去研究、用心去做事情。如果员工对待每件事情都能高标准地要求自己，这样的员工无论到哪里工作都会受到欢迎和呵护。

28

执行力是凝聚力的体现，打工心态很难有执行力。

执行力的背后反映的是凝聚力，一个有凝聚力的团队一定会有好的执行力。团队的打工思维和心态严重的话就很难有好的执行力，更别说是凝聚力。

29

用好一个人，首先要调整好一个人的心态。心态不好，这个人怎么用也用不了。

古人有云："术，能也；心之所能，谓之心术也。"企业要想提高员工的工作技能，管理者要善于在"心"上着力。如果员工的心态没有调整好，那么员工在技能方面的进步也会大打折扣，工作效率和业绩也难以让人满意。

30

凡事太计较利益的员工一定不是好员工，凡事太计较利益的管理者一定不是好的管理者。

如果员工或管理者从心里面都没有认为与企业是一个整体，哪来的荣辱与共呢？同时作为管理者，要注意不要在利益上亏欠员工。管理者如果跟员工斤斤计较，员工也会跟管理者斤斤计较。

31

我们要树立这样的信念:"没有不可能""没有困难"。所谓的困难,只是还没有找到解决问题的方法,那么,我们就要想方设法。

企业的问题,无论大小都有解决的方法。如果问题没有得到解决,不是问题没法解决,而是暂时没有找到解决问题的方法而已。企业的管理者和员工只要肯用心钻研,企业的问题都是可以得到解决的。

32

"无知"不惧乎?惧"误知"也。无知正学即会之,误知不明事理、正邪不分、正学难哉,较无知更难教授也。

"无知"是一种空杯状态,能够较快更好地接受新鲜事物。"误知"是一种迷误状态,只有破除错误的观念才能接受新的观念。思想僵化的人就是"误知"太多导致固步自封难以进步,相比较而言"无知"而有上进心的人更容易被教导成才。

33

海纳百川的境界当可赞扬，但脏污混水也要准备一个过滤器。

企业要海纳百川，并不代表要藏污纳垢。核心团队打造的过程中要有一个过滤器，对品德高尚、技术精湛的人才当然要纳入麾下，对于那些品德低下、缺乏团队精神的人当然要做正确的引导纠正，对那些屡教不改、心术不正的人当然要拒之门外。

34

一个箱子里有一个烂苹果，如果不清理出来，就会导致一箱子的苹果都腐烂了，不多久一屋子的苹果都烂掉了，团队最怕烂苹果。

这就是管理上的"烂苹果效应"。团队打造最忌讳有太多负面的东西，领导者要及时对团队中的负能量如谣言和抱怨等进行"辟谣"和清理，并对那些制造散播负能量的人及时进行正确地引导、思想纠偏，否则就要进行筛选、过滤、隔离和清除，以防不好的影响持续和恶化，从而影响整个团队的积极性、凝聚力和战斗力等。

35

任何组织首先要净化队伍，必须通过各种方式打造一支纯洁的有战斗力的队伍。

组织里不能有太多负面的东西，一个组织只要有成员带有负面的能量，它就会成为病毒而相互传染。团队打造就跟行军打仗一样，最重要的是士气。组织里有太多负面的东西，对组织的成长是非常大的破坏。

36

你给企业带来多大的价值你就会得到多少的回报，再愚蠢的老板也懂得留住能给企业带来价值的员工。

市场经济必然要遵循价值规律。员工的价值取决于能给企业带来多大的价值，老板绝对不会轻易放走一名能够为企业创造价值的人才，也不会允许不能创造价值的"负资产"员工长久地待在企业。

37

管理重在管人,管人就是管心,管心就是关心。关心才能交心,交心才能真心,真心才能用心。管人就是要把人的心关住。交人交心,浇树浇根。

企业管理要围绕着"关心"展开。关心有两层含义:一是帮助别人;一是把别人的心"关住"。第一层含义众所周知,第二层含义是把"关心"的"关"字理解为动词,强调动作以及结果。说到底,留人就是最终把别人的心"关住",让员工的心真正地交给企业而不是"身在曹营心在汉"。

38

管人要管心,包括五个方面的内容:关心员工的成长计划、关心员工的困难压力、关心员工的现实生活、关心员工的家庭背景、关心员工的收入计划。

企业可以在以上五个方面打造出自己的魅力,让员工对企业充满希望,感受到企业富有人性化,觉得团队是值得信任和信赖的,从而提高执行力和责任心,最终实现员工与企业一起长期共同发展的大好局面。

39

对任何事情都必须有自己的独立见解，见解就是理解。

见解是建立在对事情的理解之上的，我们对事情的理解越通越透，就越有自己的独立见解，越容易做出正确判断。具体表现在对任何事情包括工作中的一言一行，都是深思熟虑的结果。

40

专业化是做事的方法，精细化是做事的过程，职业化是做事的态度，市场化是做事的结果。

专业化是方法层面，精细化更多地体现在思维层面，职业化是一个人的工作态度层面。专业化和精细化是职业化人才必须具备的素养，市场化是职业化人才的必然结果。

41

一次性把事情做对是降低成本的最好保障。

一个人的专业性体现在把事情一次性以"最高效率、最低成本、最高品质"的方式做对，工作上的错误意味着都是成本。

42

会议控局，就是告诉大家去哪里，怎么去。

所谓的控局，就是一切尽在掌握之中。一个控局高手，会把整个局布得很大、做得很细，他会在形式和内容上都做到全面控局。会议控局的目的就是达成自己的管理目标。

Chapter · 4 · 企业团队打造

43

没有总结，就没有进步；没有计划，就没有方向；没有目标，就没有结果。

总结是反思进步的开始，一个善于总结的人和组织一定是在不断的进步。拿破仑曾说过"没有哪场胜仗是按计划取得的"。然而，他还是会为每一场战役制订好作战计划，而且比以往任何将军都要细致得多。计划可能会因为客观情况发生变化，但是如果没有计划那就是在打滥仗。计划能够为工作指明方向，有计划就能做到临危不乱，但在具体执行的过程中可能会按照实际情况微调。目标是一切行动的源头，没有目标，就没有结果。

44

企业通过大会鼓舞士气，宣导企业的政策信息等，看得见的领域是在传达信息、鼓舞信心，看不见的领域是在进行一场思想意识领域的"拔河比赛"。

企业通过大会等宣导的是正面的能量，往往到下面的时候就会有消极负面的人在"拉动"。一方在向右边拉动，一方在向左边拉动，无形当中进行着一场意识形态的较量和战斗。不是东风压倒西风，就是西风压倒东风。正面积极的一方不占领员工的思想阵地，就会被负面消极的一方拉拢过去。

45

当管理真正过渡到自我管理，员工才算是完成了从员工思维到老板思维的转变，此时真正的合作关系才算初步形成。

只有员工把企业的事情当成自己的事情来做，实现了自我管理，才会把员工个人的积极性真正地调动起来，员工在自己的工作上才会全力以赴，真正做到投身、投时、投才和投心等，这样的投入所产生的效果往往是共赢的。

46

人才的打造，我们概括为"四字诀"，即敲、引、打、调。

敲，就是要通过各种方式不断地敲打他，也就是所谓的旁敲侧击，从前面、后面和侧面等多个角度去激励他。引，就是引导。管理者结合自己成长拼搏的故事和案例，告诉员工做好事情对自己价值塑造的重要性，包括对自己的成长、待遇、能力、机遇以及人生意味着什么。打，简而言之就是"严师出高徒"，对员工严格要求才能让他有所进步。调，就是调教、调整。四字诀中最核心的就是"调"，所有的微妙之处也在于"调"，这也是最关键的一步，也是持续时间最长的动作。

47

人才打造就如磨刀石，是双修的结果。

　　人才培养不能一蹴而就、拔苗助长，这个过程对领导者而言是很漫长痛苦的，但是也充满着快乐和成长。从某种程度上讲，员工是领导者的作品，作品做好了，手艺也就提高了。

48

领导者发现人才要综合运用四种方法：第一，察其言，观其行，知其事，闻其时，断其心；第二，考专业，看细节；考人品，看境界；第三，德才并重，先德后才；第四，赛马选秀。

　　人才对企业的发展至关重要，发现人才是使用人才的第一步。人才是没有标签的，但是人才是有特征的，领导发现和挖掘人才是有方法的，一名优秀的领导善于发现和挖掘人才。

49

管理者要仔细聆听别人的话，包括注意听对方讲话的内容、讲话的方式以及语音语调等。一个人语言表达的方式和语音语调与其思维和性格有很大的关系。

语言很能反映一个人的思维、性格、素质等。例如，语言表达反映出一个人的思维对时间的指向有三种：过去、现在和未来。一位沉浸在过往回忆的人生活在过去，保守有余冲劲不足；一位关注现在的人立足当下，比较务实进取；一位思维指向未来的人比较富有战略眼光，但也可能行动力不足。有的人说话如刀锋般犀利，有的人说话干净利落，有的人说话啰哩啰唆，有的人说话条理清晰，有的人说话答非所问……这些都很能反映一个人的思维。一个人的语音语调千差万别，但大体上可以分为三类：一类人说话时尾声是上扬的，这类人比较自信、充满激情等；一类人说话时尾声是平直的，这种人谨慎、冷静、平和等；一类人说话时尾声是下滑的，这类人比较自卑、胆怯、保守等。

50

领导者不要只是一味地宣布命令,这多少带有强迫、专制和压服的色彩,领导要多想着给员工培训、分享和教育,与员工同志、同心、同行和同德。

　　员工不是因为接到命令而努力工作,而是因为欢欢喜喜地从内心真正接受了才会努力工作,这两种情况下工作时所产生的动力是完全不一样的,进而所产生的结果也会有天壤之别。当领导能够把自己成功的经验和道理拿出来分享的时候,往往会产生意想不到的效果。

51

企业优秀的领导者时刻在关心着员工的收入计划和成长计划。

　　领导要经常反思两个问题:员工的收入计划是怎样的?员工的成长计划是怎样的?然后帮他们一起分析,帮他们建立自己的成长地图。不为员工做规划的领导不是好领导。

52 企业留人要从三个方面做起：第一，打造学习成长的平台；第二，打造事业发展的平台；第三，打造人生成就的平台。

企业留人要从自身做起，构建好企业的留人系统，让企业成为员工学习成长、事业发展和人生成就的平台。企业要保持活力是要有一定的人员流失率，但是尽量不要流失优秀的人才。

53 面对问题，有三类不同的人：行有不得，反求诸己；行有不得，反求理由；行有不得，反求别人。

心态决定一切。心态决定一个人的家庭幸福指数的高低，决定事业成功的大小，决定人生顺利与否，决定一个人的健康程度，决定着一个人的人际关系的好坏。当面对问题时要有正确积极的心态，要向内求而不是向外求，要"行有不得，反求诸己"。

Chapter · 4 · 企业团队打造

54

做老板是定战略、选人，实施在于管理者和员工。

　　老板在组织中有自己的角色和分工，老板不能越俎代庖，不能事无巨细地插手管理。老板插手太多容易导致管理者的权威树立不起来，降低管理者的威信和积极性，并且不利于团队人才的培养。老板主要是定战略，选拔和引进优秀的人才。

55

人与人之间要懂得合作，合作即为共赢之道，人生每一次合作过程都是达成共识的过程。

　　人生离不开合作，合作涉及沟通、分工、博弈等，合作的目的就是达成共识、完成目标，达不成共识的合作注定是失败的。所以，人生每一次的合作都要努力寻找共识点。无共识，不合作。

56

企业发展的速度取决于人才快速复制的速度。

企业的发展离不开人才，人才从哪里来？要么是企业内部培养，要么是市场外聘。相对而言，企业内部培养的人才忠诚度和文化认同感等相对较高。所以，对企业来说，一定要建立人才快速复制的机制，为企业的发展提供源源不断的人才。

57

古代工匠培养一个徒弟至少要三至四年，因为没有作业指导书，靠的是耳提面命和言传身教。

古代工匠的培养特点主要是人才复制慢、培养周期长。现代企业的人才培养一定要走标准化路线，把企业的标准化体系建立起来，让人才的复制培养变得更加简单、容易和快速。

58

不要只抓结果，要抓过程和方法，抓计划比抓结果重要。

好的结果要有好的过程和方法来保障，好的过程和方法要有好的计划来保证。计划包括年度经营计划、月度计划、周计划和日计划等。企业要把自己的计划和总结系统建立起来。

59

一名合格的员工要懂得维护公司利益。

忠诚是员工必须具备的基本职业素养。所谓忠诚，就是作为企业员工要时刻维护公司的利益，始终把公司利益放在第一位，不做任何损害公司利益的事情；只有公司利益得到保障，员工的利益才能更好地实现。

60

管理不是一成不变，是随着客观情况和人的变化而变化的。

　　管理既要有原则性也要有灵活性，管理上的灵活性不是说要违背原则，而是在坚持原则基础上的高度灵活性。灵活性就是因地制宜、因材施教。

61

优秀的领导善于抓关键、抓本质。

　　抓关键就是抓重点，凡事都有重点，能看到并抓到重点是优秀领导者的必备能力。抓本质就是抓原理，凡事都有本质规律，优秀领导者要具备透过现象看到本质的能力。

Chapter · 4 · 企业团队打造

62

新员工刚到企业就是与企业相互适应的过程，相互适应的过程就是相互打分的过程。

对新招回来的员工，一开始企业不能施加太大的压力，因为刚开始是一个双方相互适应和相互打分的过程。企业在考察新员工并给新员工打分，新员工也在心里给企业打分。这是一个双向评判和双向选择的过程。

63

最紧急、最重要的事情放在第一位去做。

领导者每天第一时间要对工作进行盘点，从而形成盘点的习惯，每天只做最紧急、最重要的事情，这是提高工作效率最有效的方式。

64

管理形如照电筒，照到哪里哪里亮。

任何事情要聚焦，只有聚焦才有成效。做领导的一定要知道关键点在哪里，领导者不关注的地方，工作肯定没有结果。

Chapter · 5 ·

管理用人之道

1

所有的管理理念与方法都出自于对人性善恶的理解，东西方管理思想有不同，但是管理的对象都是人。

东方管理思想偏重于以"人性善"为中心，西方管理思想偏重于以"人性恶"为中心。东方管理思想主要是以儒、释、道为基础，西方的管理思想主要是以宗教与管理科学为基础。但万法归一，管理的主要对象都是人，面对的都是共同的人性。

2

人的本性无所谓善恶，管理介于对人性的认识，无欲则善，欲来则恶。

对人性善恶的争论一直存在，我的观点是人性无所谓善恶或者可以说亦善亦恶。管理就是对人性进行管理达到目的的一门科学。"壁立千仞，无欲则刚"。对管理者而言，也是无欲则刚，不存在自私的欲望，保持刚正不阿才能真正做好管理。

Chapter · 5 · 管理用人之道

教育的本质就是弃恶从善的过程，好教育就是最好的管理。

3

管理就要把人性看明白，抑制人性中恶的一面，激发人性中善的一面。从这个意义上来讲，好的管理和好的教育的本质都是相同的，都是要达到教育、培养人扬善弃恶的目的。

管理的最高境界是把人的能量、激情发挥到极致，关健在于激发员工的自信心，消除自卑感，让员工享受工作的快乐而不是痛苦，学管理从了解人性开始。

4

人最高价值的东西是什么？是创造力。人都是有创造力的，这也是人和动物的本质区别。管理不是控制、束缚、压抑员工的思想和创造力，而是要把员工的激情、能量激发出来，让其为企业源源不断地创造更多的价值。

5

管理最大的误区是把人当机器，人最宝贵的价值是思想而不是手脚，管理过程是人与人之间思想互动的过程。用人的最高境界是用其思想，管其思想，让人创造最大的价值，这是用最低成本产生最高价值的用人模式。

　　管理上常见的误区是把员工当成机器，如果管理者把员工当成机器就忽略了员工作为人的属性。即便是最基层的流水线工人，管理者也要考虑到对其的人性关怀和价值创造。只有建立在人性关怀基础之上的管理才能真正持续不断地创造价值。思想是一个人最有价值的部分，管理者必须关注和激发员工的创造性思维。

6

管理的重点和难度在于对象是人，而人是有思想的，是很复杂、独立的个体。

　　人在世界上不是一个独立的个体。不同时间、不同对象、不同环境产生不同的行为，这就对管理者提出了很高的要求。所以，管理是一门科学，更是一门艺术。

7

管个体，靠沟通；管群体，靠活动。

一个好的管理者要有很高的沟通能力和领导艺术，管理者必须善于组织活动。任何一个组织都是有磁场的，只是看不见罢了，这个磁场就是相互影响、相互欣赏、相互激发群体思维导向的能量场。

8

经验当然可贵，但有时也会成为创新的障碍。

经验是一种能力，也养成了一种思维习惯。好习惯的养成当然要传承，当经验面临市场变化的局面时，原有的经验也是一种思维行为习惯的障碍。创新的本质就是改变，而改变有时跟习惯是矛盾的。走老路到不了新地方，只有勇于打破旧有的思维习惯才能开拓新的局面。

9 让人接受新的方式，就要让人去掉旧的方式，不破不立，这是千古不变的定律。

"破"和"立"正如一枚硬币的正反两面，不破不立，大破大立。任何变革都涉及对旧有的观念、方式等的否定和颠覆，只有这样，正确的观念和方式才能树立起来。这是一个非常痛苦的蜕变过程。

10 管理不要听别人怎么说，要看别人怎么做。

管理要面对形形色色的人，现实生活中口是心非的人到处都是，只有行为才能说明一切。关注人重在关注细节，所有的表情、动作、行为、着装、状态、思维等细节能反映一个人的内心世界。不要听他说了什么，要看他做了什么。

要管人，先帮人。

　　管理要有帮人之心，只有真正帮助一个人才能够管理好一个人。帮人，就是要了解下属工作上的需求和困难，积极主动地帮助他。一个没有帮人之心的领导不是一名好的领导者。

企业要培养较真的文化。

　　较真就是要坚持原则，较真就是让责任无处可逃。只有较真，才有认真。

13

帮助员工的成长，案例分析会是关键，是"以事来改变人"的模式。通过案例分析会，可培养大家正确做事的方法和正确的思维方式。

企业里的案例分析会更重要的是解决员工的思维方式和行为方式，通过分析会告诉大家什么是对的、什么是错的，以及如何避免问题的发生。这其实就是告诉大家应该用什么样的方式思考和解决问题。

14

企业老板不能用做生意的方式管理企业。

做生意的对象是供应商和客户，需要讨价还价；企业管理的对象一般指的是企业内部员工，对待员工不能像做生意那样只谈钱或者不断地讨价还价，否则，很难建立起企业与员工之间的信任关系。

Chapter · 5 · 管理用人之道

15

做管理不只是做流程，流程只是管理的工具，流程是为了发现问题、预防问题和解决问题的。

流程管理的目的是发现问题、预防问题和解决问题，绝不是说为了做流程而做流程，大家对流程的理解往往是错的，以为流程只要规范起来，企业就规范了。真正的规范型企业是员工职业素养和运作模式的规范。

16

信任人很重要，相信业绩更重要。

企业相信人固然重要，相信业绩更重要。因为相信人是感觉，相信业绩是结果。

17

有人的地方就有矛盾，矛盾源于误会，很多误会来源于不正确的信息。树立团队正确的价值观，避免误会是关键，辟谣是方法。

谣言就是细菌病毒，传播速度非常快，破坏力非常强，它可以在很短的时间内使人心涣散。管理者要充分了解基层管理干部和团队之间的问题在哪里？公司有哪些谣言？有哪些"小广播"？有哪些是对公司有负面影响的信息源？……管理者要通过不断地辟谣达到防微杜渐、防患于未然的目的。

18

管人靠活动，管事靠标准。

通过活动可以把组织内的人心团结凝聚起来，有效提高组织的积极性和战斗力，是统一团队价值观的有力途径；通过标准化可以让事情变得简单、更易操作。管理如果没有标准，就失去了判断事情对错的依据，大大增加了员工犯错误的机会和成本，也降低了组织的运作效率。

19

工作能力＝专业能力×心态×激情。

　　管理者考察一个人的工作能力和发展潜力主要从三个方面入手：专业能力、心态和激情。专业能力是完成工作要具备的专业技能；心态会影响一个人专业能力的发挥，好的心态才会有更好的结果呈现；激情是指一个人做事的热情，有激情才会发自内心地热爱工作，才会投入更多的时间和精力。总而言之，工作能力＝专业能力×心态×激情。

20

任何一场改革都有三类人：支持者、中立者和反对者。

　　任何一场改革都有三类人：支持者、中立者和反对者。支持者不一定是好人，反对者不一定是坏人。改革要从支持者入手，支持者在哪里，就从哪里入手；支持者是谁，就从谁那入手。改革的过程就是把反对者变成中立者和支持者，把中立者转变成支持者的过程。

21

平台对组织内的每个人都是公正、平等的，唯才是举，不唯人，不唯亲。

企业要建立一个公正、平等的平台，让能者上，庸者下。只要是德才兼备、能出业绩者就是企业需要的优秀人才，企业要想方设法创造让优秀人才留下来发挥聪明才智的平台，这样的企业才是充满希望的、能够吸引人才的优秀企业。

22

执行力来自于检查和凝聚力。

对员工而言，组织执行力的提高来自于主动和被动两个方面。检查是被动的外因推动，凝聚力是主动的内因拉动，增强员工的参与度、归属感和积极性来提高员工的执行力。

Chapter · 5 · 管理用人之道

23

优秀的管理者要善于调整团队心态。

管理高手是调整团队心态的高手。一名优秀的管理者会对团队微妙的心态变化有非常敏感细腻的把握，从而解读出更丰富的信息内容并作出相应的管理动作。管理高手对团队心态会有恰如其分的把握，言语和行动中会拿捏得非常到位。

24

人力资源开发不仅是把人才招进来，更重要的是把人的潜能激发出来。

很多人力资源专业的人认为人力资源开发只是把合适的人招进来即可，其实这是非常片面的认识。人力资源开发最重要的内容是通过各种培训、活动、激励等措施把人的潜能激发出来，从而创造更大的价值。

25

不会管理的人是"要求",会管理的人是引导。

如果单纯"要求"能够解决管理问题的话,那么管理就是很简单的事情了。事实上,只是"要求"对绝大多数员工是达不到管理目标的。因为这里面涉及员工的思维、心态、方法、技能、辅导、检查、总结等方方面面的问题。但是,这些大多数都是技术层面的问题,最主要的是要从员工的心态调整开始,引导员工具备一种用心研究、积极主动的心态,这往往会起到事半功倍的效果。

26

谁在做着这件事情,谁就有权力,谁就有责任。

责任和权力必须是对等的,正如一枚硬币的正反两面。没有无责任的权力,也没有无权力的责任。权责失衡必然会导致组织管理的不健康。

27

企业招人的目的是解决问题。

　　企业的本质是盈利机构，不是慈善机构。企业没有了盈利，将无法生存和履行基本的社会责任。企业的盈利是由员工共同创造的。企业招人的目的就是为了解决企业存在的各种问题，为企业创造价值。

28

选关键人才要看其前世、今生和未来。

　　企业招聘关键人才要了解一个人的前世、今生和未来。前世就是了解他过去的工作经历、生活经历和成长经历；今生就是他现在具备怎样的能力，能够帮助企业解决哪方面的问题；未来就是他未来在企业发展平台上能走多远，是成长为参天大树还是平庸之辈？

29

管理者要"四到":看到、找到、做到和防到。

"看到"就是发现问题的能力,"找到"就是分析问题的能力,"做到"就是解决问题的能力,"防到"就是预防问题的能力。管理者"看到"是第一步,"找到"是关键,"做到"和"防到"才算事情的终结。管理者不要成为发现问题的专家,解决问题的弱者。

30

要管事,先管人。

企业管理存在"人"和"事"两个层面。管理者要解决"事"的层面,必须先解决"人"的层面。因为管理者的心态、思维和观念等直接影响着事情的结果。

31

要管人，先管心。

心的复杂变幻的确难以捕捉把握，尤其是在中国这样一个重"心"的文化国度。人心如果不加约束，事情就会受到重重阻碍。企业管理不重视人心的打造，企业的问题就会摁下葫芦起来瓢，管理者整天忙于"救火"。所以，管理者必须标本兼治。

32

管理的最高境界是由心而发。上智用其心，中智用其智，下智用其行。

岳飞曾说："运用之妙，存乎一心"。管理者的很多管理智慧都是在实际的管理过程中从内心生发出来的。最高智慧的人善于用心去解决问题，中等智慧的人是用智力解决问题，下等智慧的人是用行动去解决问题。

33

管理者要让下属自信而不是自卑，要让下属有成就感而不是自卑感。

管理者在工作中要不断激发下属的自信心，下属有了自信心，做事情会更积极、更有成效。管理者对下属的认同和表扬也会增加员工的成就感，员工有成就感就会更有自信地去完成工作任务，这是一个良性循环。不好的管理者总是在打压下属的自信心和积极性，也许他们想树立自己的管理权威，殊不知这样做会得不偿失。

34

管事先管人，管人先造人。

管理者的管理对象是人，管理一个人先要培养一个人。管理者带团队要让下属得到帮助和成长进步。管理者在培训辅导中慢慢改变一个人的思维观念，当下属与管理者的思维观念越来越相近的时候，他们的配合会越来越默契，组织的运作效率会越来越高。

35

不带思维的执行者不是好的执行者，不能激发员工创造思维的管理者不是好的管理者。

　　一个人最有价值的部分就是创造性。管理者要善于激发员工的创造性，不能抑制员工的创造力。即便是执行层面的员工也要带着自己的思维做事情。

36

人用对了可以事半功倍，用错一个人的成本是很高的。

　　人才的使用是有成本的，用错一个人的成本是相当高的，这里面包括了面试成本、培养成本、犯错成本、机会成本、离职成本和招聘成本等。特别是对于企业重要岗位的关键性技术和管理人才，如果用错的话，对企业的影响更加深远。所以，企业要通过全面考察选择人才，通过用心对待留住人才。

37

管理不是命令，是统一思想，要从原理上讲清楚明白。

很多不擅长管理的管理者只是靠发号施令去开展工作，其实这只是传达了命令而已，不一定会产生管理者想要的结果。擅长管理的管理者会充分考虑发布命令涉及的一切问题，包括让谁来完成，怎么去做，工作中可能会遇到哪些问题等。管理的核心在统一思想，管理者要把工作的原理、目的和方法等跟下属表达清楚明白。

Chapter · 6 ·

管理自修之道

1

成大事者要过两道关：财富关和困难关。

财富只是一个流量而已，再多的钱也只是一个流动的过程罢了，人民币是人民的；这个世界上没有一件事是没有困难的，为什么有的人成功，有的人失败，关健在于是否养成了成功的习惯，还是遇难而退的习惯。

2

做大事者，信念是关键。

前美国总统林肯说过："喷泉的高度不会超过它的源头，一个人的事业也是这样，其成就决不会超过他的信念。"什么叫信念？坚守一个念头、坚信一个结果、坚持一个动作、坚定一个方向。成大事者都有伟大的梦想和坚定的信念。

信念是在自我激励中生根发芽的。

日本"经营之神"松下幸之助曾经讲到:"在荆棘道路上,唯有信念和忍耐能开辟出康庄大道。"一个人要有自己的坚定信念,一个组织也要有自己的坚定信念。企业信念是企业精神文化的主要来源,企业老板和管理者是企业信念的发动机。

一个人成功的大与小,取决于解决问题的多与少。

在前进的道路上都会有很多困难,困难没有解决就会原地踏步,困难解决了就离成功更近了一步。企业如人,企业的发展要看解决问题的能力。我们要积极面对问题,那是进步的开始;我们要是回避问题,那是退步的起因。任何人都是在不断解决问题中成长进步的,一个人解决的问题越多,成就就越大。

企业领导智慧：正睿观点

5

失败不可怕，不总结的失败才可怕。

任何的成功和失败都不是偶然的，里面存在很多必然的因素。失败有失败的原因，成功有成功的理由。反思失败的教训和成功的经验，这样才会有不断的进步。

6

企业老板不一定等于"企业家"。

企业家集各种能力和角色于一身，不仅是企业家、管理者、经营者、实践者，也是教育家、思想家、哲学家、梦想家……所以，作为企业家实属不易，他们所从事的几乎是世界上最辛苦也是最富有挑战性的工作。在这个风起云涌的时代，企业家被抬到了很高的位置，这是时代之幸、民族之幸和国家之幸。企业家是出类拔萃的一批人，是时代商海的弄潮儿。他们为这个世界的文明和发展贡献了自己的力量，他们应该受到这个时代的尊重。

Chapter · 6 · 管理自修之道

7

领导者一定要实事求是，正确的决策一定来源于对事实真相的了解。

"实事求是"是马克思主义和毛泽东思想的精髓，是共产党思想路线的核心所在，也是中国近代革命和当代改革取得成功的关键法宝。用事实说话，说出的话、做出的事情才能彰显正气，才会有力量，才会有生命力。不了解事实的想法、观点往往就是妄想；不基于事实的判断、结论往往都是武断；不围绕事实的讨论，结果往往是无聊的争论。

8

管理是实践，而不是在办公室里"坐而论道"，符合逻辑的事情但不一定符合现实。管理不是懂与不懂、知与不知的事情，管理是如何产生效益的问题。任何的管理理论只能是从实践中来，又回到实践中去。

企业管理是一门实践的科学，"坐而论道"可能会错失良机，让事情变得复杂，脱离实际。只有在行动的过程中，才能不断地发现问题和解决问题，一步步地完善。唯有如此，才是正道。毛泽东在《实践论》中也得出结论："通过实践而发现真理，又通过实践而证实真理和发展真理。""实践、认识、再实践、再认识，这种形式，循环往复以至无穷，而实践和认识之每一循环的内容，都比较地进到了高一级的程度。"

9

道是行，不是说。很多人总是"坐而论道"，缺乏实际行动。

何为"道"？"道"字，一"首"一"辶"，"首"即为头脑，"辶"即为走，意思是，既要有头脑，也要有行动。得道，就是头脑清醒地行走在正确的道路上。

10

知识就是见识，最好的学习来自实践。

知识从哪里来？来自一个人的见识。最好的学习就是实践，一个善于学习的人是"干中学""学中干"，因为学习是一个终生都要做的事情，只有一个会学习、勤实践的人才能不断地提升自身的能力和价值。

11

管理者不要听一个人说了什么,而要看他实际做了什么。

"说"和"做"是两个层面的事,说到不一定做到。下属的承诺不会产生效果,只有行动才会产生结果。所以,管理者要关注下属的言行,更重要的是要关注下属的行为及业绩。

12

领导要注重打造自己独特的人格魅力,也就是影响力。管理的本质就是能否影响别人,让他人放弃自己的想法首先是对你的认同与接受。

领导者有领导魅力就会有更大的影响力,就会更容易取得员工的认同,管理起来也会更加有效。领导魅力不是天生具备的,是管理者在漫长的管理过程中积累修炼出来的。举个例子,2004年,柳传志辞去联想集团董事长职务。2009年9月,当联想面临巨大危机时,他又重新出任联想集团董事长。当时联想集团上至高层下至员工,只要看到柳传志出现在公司就会感觉到很有信心和力量,从而全员上下齐心协力,很快安然度过危机,这就是领导魅力的力量。

13 管理者，公平是第一位，世界上没有一件事是建立在不公平的基础上可以长期合作下去的。

人性对公平正义的呼唤永远存在，公道自在人心。公平是社会良性运转的法则，企业家应该以身作则，并且要在企业里树立正气。在任何企业里，不是正风压倒歪风，就是歪风压倒正风。一家蕴含正气的企业，才会有良好的秩序和发展前景。

14 "政者，正也。子帅以正，孰敢不正？"正人先正己，领导要严格要求自己。

只有相对公正的人才会对人和事做出相对公正的评价和判断。如果管理者本人就是歪曲的，那么他看待世上的很多人和事物也必定是歪曲的。所以，领导者要想做到相对公正地评价一个人和一件事，首先自己就要修炼出一颗公正的心。

15

领导者为人要正派，你的行为是别人来把关的，别人是否信任你，取决于你是怎么样的一个人，值不值得信任。谁都信赖君子，谁都不信赖小人。

企业必须树立正派的文化理念，因为企业的行为要消费者、上下游产业链以及整个社会来把关。领导者必须心正、身正、言正、行正。很多领导者不知道其中的重要性，很不注重自己的一言一行，结果就会在企业里造成不好的影响。有些领导者，自己都心术不正，却要求下属为人正直，其结果只能是适得其反。

16

看管理能力，看境界，境界的核心是"正"。

管理能力不仅是方法、技巧问题，更重要的是思维方式和境界的问题。管理者的思维方式和境界主要体现在管理者是否有"正气"。一个心术不正的人一定做不好管理。

17

人性都有两面性：自私性和公正性。当事情与自己有关时，自私性的一面可能会暴露出来；当事情与自己无关时，公正性的一面可能又会展现出来。如何看待人的自私性？自私性包括正当的和不正当的。

管理必须公正面对利益问题，利益与人性有很大的关系。我们谈利益就必须了解人性。管理的主题就是要"抑恶扬善"，就是通过各种手段把人不正当、自私性的一面抑制住，把人公正性的一面激发出来。管理说到底就是人性善与恶的较量，当"善"的力量超过"恶"的力量时，说明这家企业的管理就是有希望的；当"恶"的力量超过"善"的力量时，说明这家企业的管理是存在很大问题的。

18

管理的最高境界就是"正"，何为"正"？正就是公正、正确、正义、正直等，正就是不偏不倚、一视同仁、公正无私。

为人要正派，你的行为是由别人来评判的，别人是否信任你，取决于你是怎么样的一个人，值不值得信任。谁都不信赖小人，谁都信赖君子。企业管理者要正派，企业的行为要让消费者、上下游产业链以及整个社会来评判。

19

领导的两项修炼：公正心、仁爱心。

人如果不具备公正心，就无法做到客观，客观是看清一切事物的本源。人如果没有仁爱心就是魔鬼，一个人可能拒绝另一个人爱他的方式，但绝对不会拒绝爱的本身。

20

心底无私天地宽，与人为善，以不变应万变。

《吕氏春秋》云："天无私覆也，地无私载也，日月无私烛也，四时无私行也。"人要放宽心量，效法天地、日月和四时，去除私心。一个人只要心底无私、与人为善，生命就有了不同的意义和价值。因为一个人的心公正无私，周围的一切也显得格外美丽；因为一个人内心满怀慈悲，也就会为身边乃至世间所有的人带来光明！

21

正是一切能量的来源,"无我"是人类的最高境界。

一个人只要内心充满正气就会带来很多正能量,管理者内心"正"才可以源源不断地生发出很多的管理智慧。"正"就是公正客观、不偏不倚,不要有"我"的偏执。只有跳出个人之小我的局限,谋求共赢之道才会成就大我。

22

一切果,皆有因;一切因,皆为我。

因果是指所有事物之间最重要、最直接的关系,表示任何一种现象或事物都必然有其原因,即"物有本末,事有终始""种瓜得瓜,种豆得豆"。一个人所有的行为都会产生相对应的结果,当然这个结果除了主观因素外,也会有客观因素。一个有承担精神、善于学习进步的人会首先从自身方面找问题。

23

自变才能他变。改变别人容易，改变自己困难。管好自己比管理别人更重要。

一个人最难战胜的是自己，改变自己是最困难的。一名优秀的领导者和员工一定是一名很好的自我管理者。特别是管理者，要以身作则严格自律，自己都做不到的事情就不要强加给下属。

24

改变别人先从改变自己开始，"行有不得，反求诸己"。

孟子曰："爱人不亲，反其仁；治人不治，反其智；礼人不答，反其敬——行有不得者，皆反求诸己，其身正而天下归之。诗云：'永言配命，自求多福。'"变人先变己，求人不如求己。领导者要着重在自身上下功夫。

25

不要为失败找借口，要为成功找方法。自变才能他变；"行有不得，反求诸己"。

这个社会是不断变化的社会，面对这个每时每刻都在改变的社会，我们只能随机应变。被动的改变是我们因人因事碰壁或教训之后的改变。如果我们不改变，将重复同样的错误，将永远碰壁和吃苦头。这是因果的规律。我们种的是什么，收获的就是什么，所谓"种瓜得瓜，种豆得豆"。我们说出的每一句话，做出的每一个动作，都对应着一个必然的结果。改变结果之前，必须改变自己的因。行有不得，反求诸己。不思改变，永远不得。每一个改变的因，必然对应一个改变的果。

26

内求是进步的开始，外求是退步的起源。

内求就是从自身出发反思问题原因，一个人只有不断地内求改变才会进步；外求就是把责任推向了客观外部，这样产生的就是借口、理由。

27 作品即人品。一个人所做的每件事都是个人品牌输出的过程。

　　众所周知，企业和产品都有它的品牌，品牌影响力越大，说明市场认可度越高，越能给消费者带来价值。市场上品牌价值是可以量化的。作为一个无形的资产，品牌的形成绝非一日之功，是公司长年累月努力经营积累的结果。同样的，每个人都有自己的个人品牌，但品牌的价值却大不相同。品牌对个人的影响非常大，我们常说某些人"德高望重"。其实，"德高望重"即指个人品牌价值高。个人品牌价值的高低，这既是个人通过自己的成绩长期积累的过程，同时又会深刻影响一个人的人生发展。

28 中西方文化的最大差异是：西方人以爱己为行事准则，中国人以爱人为最大的爱己。什么是善？自利而利他就是善。

　　东西方的文化差异非常大，西方文化强调个人英雄主义，个人先于集体国家；东方文化强调集体主义，集体国家先于个人。但是，全世界对善的定义基本上是一致的，只是实现善的途径不一样，但是我们认为利人利己才是真善。

29

人类智慧不是"有我"而是"无我"。

人最大的痛苦就是"我","有我"就有欲望,善恶之分也不过"欲望"二字,无欲则善,有欲则恶。"无我"方才了解事物本相,人本来是天地万物的一部分,本来就没有我,这才是最原始的"我"。

30

"欲"字是谷和欠的组合,谷就是深渊。

所谓"欲壑难填"就是指一个人的欲望是无穷无尽难以满足的。欲,从谷从欠。清代著名经学家段玉裁先生说:"感於物而动,性之欲也。欲而当於理,则为天理。欲而不当於理,则为人欲。欲求适可斯已矣,非欲之外有理也。"领导者要克制自身的欲望,否则会走向深渊。

31

善恶就在起心动念之间。

人每天会产生无数个念头，人的每次起心动念都可能会产生相应的行为，行为会带来一定的结果。自私自利的念头会产生自私自利的行为，最终带来相应的结果，反之亦然。

32

无所求，也就是无所缺；无我，无私，才是真人。

一个人如果有了过多的需求和欲望就容易产生痛苦和忧虑。太多的需求和欲望会蒙蔽人的双眼，让人做出错误的判断和决定。只有摆脱主观、尽量客观才会做出正确的判断。

33

不断地增加"知见",一个人的心若蒙上了灰尘,这样就更加不容易有"真见"。

"知见"为佛教语,知为意识,见为眼识,意谓识别事理、判断疑难。每个人根据自己的经历和耳闻目视会得出各种各样的经验和见解。每个人的经验和见解对自己的判断会有影响并有一定的主观局限性。

34

修行先修心,修心的秘诀在于:生发羞耻心;生发敬畏心;生发勇猛心。

一个人的内心是什么样子决定了这个人的行为是什么样子,所以管理者要守护自己的内心,不要让自己的内心染上尘埃。修心的秘诀在于生发羞耻心、敬畏心和勇猛心。所谓的生发就是生生不息地成长和发展,永不止息。

35

人有两个老师：导师和戒师。

导师是指对学生的专业进行指导的老师；戒师是对学生进行戒规戒律教育的老师。任何人的成长进步都离不开老师的智慧教导，在自己的人生成长和事业的关键时期，都要知道自己能做或应该做什么，不能或不应该做什么等。

36

学习能力是每个职业的必修课，做着一件事就要研究一件事。

任何一个职业都需要具备学习能力和研究精神，只有与时俱进不断地学习和深入研究，日积月累，才会不断提升进步。一名不懂得学习、研究的员工和管理者是没有职业前途的。

37

中国企业家要善于从中国历史中参悟经营管理智慧。

柳传志、史玉柱、宗庆后、任正非等都从毛泽东的著作中悟出了很多经营管理的思想策略，并成功运用于企业的经营发展中。中国企业家要想做好管理，就要善于从历朝历代的管理中寻找灵感和思路。

38

实践管理中很多人热衷于"救火"而忽略了"防火"，好的管理是不让错误发生，因为错误一发生就意味着成本，杜绝错误发生的唯一方式就是系统构建企业科学化的管理模式。

企业每天都会出现很多问题，管理从某种程度上讲就是在解决问题。同样是解决问题，但不同的管理者解决问题的方式可能大不相同。无论如何，解决问题的方向是不能发生错误的，因为方向一旦错了，就会导致问题不能得到根本解决，有时管理者的一些管理动作看似是在解决问题，其实是在制造更多更大的问题。企业管理重在构建一套科学系统的管理模式。

39

好管理是"防火"而不是"救火"。

　　亡羊补牢当然为时未晚，但是损失已经产生了。好管理是避免问题的发生，是让团队一次性把事情做对的结果。

40

解决问题的高手，往往都是沟通高手，沟通就是达成共识的过程。

　　成功人士多是沟通高手，他们说出的话很有分量，掷地有声，因此也很能团结众人聚集在自己的周围。有些人沟通能力较弱，结果错失机遇或产生不必要的矛盾。据统计，人际矛盾百分之八十以上都是沟通的问题。管理问题从某种程度上讲就是沟通问题，沟通就是为了达成某种共识并解决问题的过程。

41 成功不可以复制，但一定可以借鉴。每家企业的文化、模式等都不同。

任何一家企业都因为发展阶段、企业文化、团队、产品、模式等的不同有其特殊性，企业成功的模式不可以完全复制，只可以有一定程度的借鉴性。企业如果盲目模仿、全盘照搬成功企业的管理模式很可能会遭遇很大的发展危机。

42 把一件事情做到极致，离成功就已经不远了。成功的习惯就是做好一件事的思维方式和习惯。

俗话说：隔行如隔山，行行出状元。任何一个行业都有自己的专业和行业壁垒，不是随便任何人可以轻易涉足的。成功的人都是在某一专业和行业有自己的"绝活"，也就是在自己专业和行业的领域具备了一定的市场竞争力。如果一个人把某件事情做到了极致，说明这个人具备了成功者应该具备的研究精神和思维，那么他也很容易获得成功。

43

企业大部分的问题都是企业员工不职业、不专业的问题。

专业和职业有很大的不同,专业要有专业技能教育和训练,具备从事某一工作的特别技能;职业是指把某一工作作为自己的职业化目标。两者都需要与时俱进,不断地精进、研究、创新等,否则任何专业或职业都面临着退化、落伍或淘汰。

44

领导者要具备高超的沟通艺术。

语言是能够产生力量的。沟通可以让暴躁的人变得温和,让愤怒的人变得平静,让自卑的人充满信心,让胆怯的人变得满怀激情,让嚣张的人变得和气,让傲慢的人变得谦卑,从俯视到平视,由平视到仰视……这就是沟通的魅力和艺术。

45

管理从了解人性开始。

管理是跟人打交道，要想做好管理就要关注人、研究人。管理高手都对人性有比较深刻的认识，比较关注和理解员工的真实需求，懂得如何激励员工的积极性，懂得如何组织员工和企业资源达成组织目标。

46

看收入不如看能力，看能力不如看业绩，业绩＝收入＝能力。

企业里一个人的收入要跟其业绩挂钩，一个人的业绩是其能力的直接表现。企业没有业绩就无法实现市场化生存，管理无业绩就失去了管理的意义和价值，员工不能产生业绩就成了企业要淘汰的"负资产"。企业管理者要树立"业绩为王""以业绩去衡量判断人才"的管理文化。

47 管理不是要求而是教导。

管理不是要求和命令，领导者要因材施教，让下属做每一件事情时，都能够"知其然，并知其所以然"。

48 反应能力是锻炼出来的，是对一件事情的熟悉程度，反应快来源于熟悉。

谁是世界上反应最快的人？澳大利亚的安东尼·凯利当之无愧拥有这个称号。他不仅能徒手抓住时速330公里的移动物体，还能在一秒内出拳10次。安东尼认为："反应速度是多项身体素质的综合体现。"反应能力更多的是来自后天的锻炼，取决于一个人对一件事情的熟悉程度。

49　领导者要有锐利的双眼，把事看透把人看明白。

领导者要有一双犀利的眼睛，能够非常敏锐地发现工作和管理当中的问题并及时改善。领导者的工作核心围绕"人"和"事"而展开，必须能够把事情的本质看透，把人的真实需求、意图等看明白，这样才能做到有的放矢。

50　悟透中国的"礼"，就懂得做管理。

中国企业管理必须从传统文化中汲取营养并丰富其内涵，中国传统文化崇尚的"仁、义、礼、智、信"对企业管理有很多的启发。中国传统文化尊崇的"礼"与现代企业管理讲究的"伦理"有异曲同工之妙，"礼"代表着一种礼仪尊重和伦理层级。

51

沟通的障碍源于以自己的圆心画圆。

　　沟通不是自说自话和自以为是，是双方达成共识的过程。沟通中要善于聆听，关注对方的需求，只有找到双方需求的交叉点，在满足别人需求的基础上实现自己的需求才可能达成共识。

52

把别人当什么，你就是什么。

　　这个世界上真正的聪明人是把别人当聪明人来对待，如果一个人把别人当傻瓜，那么他就是个傻瓜。所以，聪明人在玩着聪明人的游戏，傻瓜在玩着傻瓜的游戏。

53

学管理学原理，做管理做原则。

学管理要学原理，把握了原理就等于把握了精髓；学会了原理，方法才会融会贯通。任何管理工具、方法、流程、制度等的背后都是有思想、原理支撑的。做管理要做原则，好的管理就是坚持原则，放弃原则就等于放弃了管理的底线，这样会伤害到企业的利益。

54

服务的价值取决于服务的质量。

2013年，中国第三产业也就是服务业的占比首次超越了第二产业，这也从侧面反映了国人对服务的要求越来越高。其实，第二产业也涉及服务问题。服务质量决定了服务价值，而服务价值是可以无止境挖掘的，服务只有精益求精，企业才会有更大的竞争力和利润空间。

Chapter · 7 ·

管理模式设计

企业领导智慧：正睿观点

1

人是复杂的个体，企业是复杂的多个个体组成的群体，这是企业之所以管理难的原因。制度化管理是明确规定群体行为的对错标准，就是让管理变得简单。

企业现在普遍都是制度化管理，制度化管理相对于人情化管理是一个很大的进步。制度化管理是把很多事情变成标准，是约束大家的思想和行为的一种管理方法。如果说人情化管理是"人治"的话，那么制度化管理就是"法治"。

2

复杂地考虑问题，简单地处理问题。

任何事情的解决都不是简单的事情，很多事情解决起来看似简单，实际上前期做了大量工作。古语曰：谋定而后动。管理者在考虑问题时一定要全面，考虑清楚之后就采用最高效的方式解决问题。

每个企业的管理模式均需量身定做，无法复制与模仿。

　　科学家论证，这个世界上哪怕是相同的生物，它的内置结构都是不一样的，就如人和树叶均不一样是同样的道理。同理，每个企业是由不同的人构成，不同的产品、不同的经营模式……随之所有企业高效组织的管理模式也不同。

管理模式源自于经营模式，经营模式源自于投资模式，管理中的每个流程制度、表单，都是经营模式的体现，管理模式的设计最忌讳的是摸着象腿就以为是大象。

　　现在的很多管理者认为流程制度就是管理，这是很大的错误。管理者要明白，管理中的每一个流程、制度、表单的细节都是通过系统性设计的。整个企业从投资模式到经营模式到管理模式都是经过系统性设计的。管理模式的设计最忌讳的是摸到一堵墙就以为是一栋房子。

5

企业的管理模式一定要量身定做。

　　企业管理模式的设计讲究的是因地制宜、因时制宜、因人制宜，只有这样，管理者才是以科学负责的态度在做管理模式设计。

6

任何一个组织要产生组织力，首先取决于它的结构。结构决定功能，组织结构决定了组织功能。

　　一个组织要产生充分的组织力，必须要从组织结构调整开始。企业组织结构的调整具体包括企业组织架构、部门职能、岗位职责、人员编制等具体内容。组织结构一旦确定下来就意味着基本的组织框架和团队配备确定下来了，组织工作的开展也就变得有章可循，组织结构是为组织目标服务的。

一个人的力量不如一个团队，一个团队不如一套系统，企业要构建科学的管理系统。

　　个人的精力、时间、力量等是极其有限的，个人的力量永远没有组织力量大。一套自动运转的科学管理系统不仅可以减少组织对人的依赖程度，并且能够保证组织的高效运转。企业管理重在打造一套科学、高效、持续的管理系统。

企业规模决定了管理模式的精细化程度，不要盲目地追求精细化管理。

　　正规军与游击队的区别：游击队打小规模战争有优势，灵活；正规军打大规模战争有优势，部队之间的高效配合协调，组织优势突显。企业亦如此，规模小、人数不多的时候，采取游击队的管理方式，效率高。但是，到一定规模的时候还是用游击队管理方法就不管用了。企业精细化程度取决于企业规模。

9

企业管理不能急功近利,是精益求精的过程。

现在很多企业的老板被市场环境逼得急功近利,他们追求的是短期效益,需要的是"立竿见影"的效果。但冰冻三尺非一日之寒,企业的改变一定是一个漫长而又痛苦的过程。试想当一个人身体不好的时候,才想起来去锻炼几次,这样身体能好吗?同样的道理,企业管理久病需慢医,欲速则不达。

10

真正的精益是让每个人都具备经营思维。

管理上的精益求精是管理过程,主要是产生好的结果。企业管理的目的是为经营结果负责。只有具备了精益思维,才会推动管理过程的精益求精。

11

设计一个好的流程制度的标准是：横向到边、纵向到底；数据量化、动作细分；时间明确、责任唯一；相互纠错、方法统一。

"横向到边、纵向到底"是指流程制度的设计要全面覆盖，无死角；"数据量化、动作细分"是指建立可以量化的数据化管理，过程动作细分建立标准化；"时间明确、责任唯一"是指要进行时间和责任人把控；"相互纠错、方法统一"是指要建立相互监督机制，进行过程控制。

12

流程制度是大家要遵守的，既然是大家要遵守的，那就由大家一起来参与制订，法治社会还是民主的合理。

一方面，流程制度的实施对象是包括上至企业老板下至普通员工的全体员工；另一方面，流程制度的制订要集思广益并要涉及全体员工的利益，所以流程制度的制订要涉及相关的所有人员，这也是企业民主化管理的体现。

13

流程制度的制订者往往也是破坏者，制订者是个人，流程制度是组织，先要弄清楚是组织大于个人，还是个人大于组织。

很多中小企业管理不规范的原因往往是企业老板和管理者有意或无意地带头不遵守企业的流程制度，经常以"效率"之名行破坏流程制度之实，这其实是得不偿失的行为，也很难树立起流程制度的组织权威性。

14

不懂管理的人把指令当制度，把会议决议当流程。会管理的人让指令和决议服从流程。

这是很多企业普遍存在的问题，把指令和会议决议当成流程是对组织流程制度的最大伤害，因为这种破坏是从上到下通过组织传达下来的。这就传达和扩散了一种信号：朝令可以夕改，流程制度是可以放一边的。

15

现在的企业来一帮人换一套流程制度，制度多，执行得少，管理变得没有了章法。章法是什么？是规则。规则文化的传承，那就是变人不变法。

现在很多中小民营企业在流程制度上的积累沉淀不够，经常是换一拨职业经理人就换一套流程制度，结果改来改去就有了很多流程制度，结果，流程制度被束之高阁，企业成了"流程制度制造工厂"。

16

不要把会议决议当流程制度，要让会议决议遵从流程制度。

企业流程制度是系统设计的结果，会议决议解决的是临时性的异常问题。会议决议要遵循流程制度，如果会议决议破坏流程制度的话，那对企业管理来讲就是一种"灾难"。

企业领导智慧：正睿观点

17

企业没有会签的流程等于零，没有执行到位的方案等于零。

企业没有会签的流程制度、决策等，就等于实际上没有达成共识，也没有相关责任人。企业的流程制度等执行不到位就会大打折扣。俗话说"三分方案，七分执行"，某种程度上讲，后期执行比前期策划更加重要，执行的力度直接决定了效果，没有执行的方案等于零。

18

流程制度是用正确的方法把事情做对；流程制度设计一定是企业管理模式的体现。

企业管理是个系统工程，作为企业的操盘手要围绕构建企业健康的生态管理系统来设计流程制度。流程制度体现了公司的文化和管理体制，是保障企业健康持续运作的根基。

设计流程制度的六大原则：时间、数量、责任、工具、凭证和方法。

19

  管理大师戴明说过："员工只须对15%的问题负责，另外85%归咎于流程制度。"什么样的流程制度产生什么样的执行结果，流程制度的设计只有遵循六大原则才能提高工作效率和整体效益。

没有工具的流程制度不成立。

20

  没有工具的流程制度就是一种说明，没有办法操作执行落地。企业管理中的流程制度必须要有相应的工具来辅助执行，缺乏相应工具的流程制度必然会流于形式，在实际的执行过程中会发生诸多混乱，并且导致出了问题也无法追根溯源。

21

管理工作分为两类：日常性工作和建设性工作。日常性工作贵在解决问题，建设性工作贵在预防问题。

　　日常性工作解决的是当下的事情，建设性工作解决的是未来的事情。领导者要日常性工作和建设性工作一起抓，领导者如果没有对日常性工作的切入渗透，也不可能做出好的建设性工作。

22

管理要从根本上找原因，不然问题永远在那里。

　　企业管理者要直面问题的本质，只有从根源上解决问题才算真正解决了问题。管理者要有抽丝剥茧般分析问题的能力，追根溯源找出发生问题的根本原因，从源头上去解决问题。

23

管理就是保障企业今天的利润和未来持续盈利的能力。

全世界那么多的管理理论、工具、模式、方法等，实质上都在解决一个核心——利润，企业不要盲目为了管理而管理。一切不出效益的管理，都是伪管理，这就是管理的本质。企业持续盈利的能力是对管理模式成熟与否的考验。

24

做企业，先做标准。

企业经验总结出来成为标准才可以复制，复制之后才可带来规模，有了规模之后才带来规模经济。制造型企业规模经济的核心在于标准化。

25

所有的标准化集中到一点就是执行的标准化，执行的标准化可以理解为业务流程的标准化，这是标准化链条中最基础的一个环节。

业务流程的标准化就是为了去除感性的不确定因素的影响，把事情变得理性而明确，并且流程的标准化也能让经验得到积累、传承和复制。如果不能标准化，那就完全是凭经验主义做事。经验主义最大的特点是对人的依赖程度很高。经验丰富的人可以把事情做好，经验缺乏的人就可能会一筹莫展，如果这样，企业就永远得不到大的发展。标准化就是把经验变成人人可以操作的东西。

26

企业经营要遵循规律：由经验总结变成标准，标准才能复制，复制才能产生规模，规模才能产生规模经济。

任何企业只有不断地反思总结，把经验教训变成标准才能实现标准化。标准确定下来，员工做事就有了判断对错的标准。什么叫对？什么叫错？员工按标准做就是对的，没有按标准做就是错的。标准化建立起来，人才的培养问题也就迎刃而解，按照标准进行一定的培训就可以上岗，这样也降低了企业管理的风险和成本等。

27

组织结构的调整要遵循三个原则：一、责任唯一化；二、"两高一低"法则；三、数据可量化。

　　责任唯一化具体来讲就是企业内部要分工明确，各负其责。"两高一低"法则即最高效率、最高品质、最低成本，乃经营与管理的决策之道。做任何一件事一定只有一种方式是最吻合"两高一低"法则的。三者要兼顾，只是不同时候的取舍不同，这样管理过程才会变得简单而有效率。数据可量化，这是业务标准，就是管理的过程一定要有数据呈现。数据是最能说明问题的，对数据的解读就是对问题的解读。管理过程中如果没有数据或者数据是模糊的，那么管理一定是大打折扣。

28

组织结构决定组织功能，组织功能是完成组织目标的保障。

　　结构决定了功能，例如，电脑和投影仪结构不同决定了它们的功能很不一样。同理，企业的组织结构也决定了组织功能。企业是先有目标后有组织，还是先有组织再定目标呢？总而言之，什么样的组织完成什么样的目标，什么样的目标才能构建什么样的组织。

29

组织再造的最终目标是达到个人组织一体化。

组织再造的核心是个人目标要与组织目标互动，包括个人人生目标与组织终极目标的互动，个人成长目标与组织发展目标的互动，个人收入目标与组织经营目标的互动，个人工作目标与组织管理目标的互动等，最终达到个人组织一体化。

30

组织架构是围绕愿景和使命而展开的战略地图，组织架构是围绕企业目标而形成的。

所有企业的经营管理活动都是围绕企业的愿景和使命而展开的，企业的组织架构来源于企业目标。企业要实现什么样的组织目标就要建立什么样的组织架构。

31

责任要唯一化。

　　一件事情只要有两个及以上的人或部门负责就相当于无人负责。部门之间的交叉地带容易造成管理上的灰色地带。管理要尽量避免出现类似的管理漏洞。

32

从目标来看，企业里每一天做的事情也是企业每一周、每一月、每一年以及未来做的事情，目标同向是关键。从组织来看，每位员工做的事情就是每位干部要做的事情，每位干部要做的事情就是总经理要做的事情，组织同向是核心。

　　企业组织同向的问题要靠企业的愿景、使命、战略规划和计划系统等来解决。企业的战略规划包括长远战略规划、中长期战略规划和短期战略规划。计划系统包括年度经营计划、季度计划、月计划、周计划和日计划。企业自上而下的计划系统必须是一以贯之的，从董事会到总经理到中高层管理者到基层管理者最后到基层员工要层层分解，只有这样才能做到"力出一孔"，才能打造强有力的组织。

33

错误就是成本，稽核就是纠错。

企业的整个组织运作系统一定要有稽核功能，犹如电脑的扫描杀毒系统和人的排毒系统。因为企业每一次错误的发生都意味着成本，稽核就是发现错误并要扫描出问题发生的根源，进行纠错。

34

不被稽核的工作等于没有做。

管理界流行"人不会去做别人需要的工作，只会去做别人会检查的工作"这一说法，这说明再勤勉的人也有松懈、懒惰的时候。很多管理差的企业不是没有流程制度，而是因为监督检查不到位才执行不到位，最后流程制度成了废纸。稽核的三大功能是找出真相、提出解决方案和持续改善。

Chapter · 7 · 管理模式设计

35

答案永远在现场。

在办公室没有答案，在现场才有答案。管理不是坐办公室，是要到一线现场去发现问题、分析问题和解决问题。管理者不到现场就会脱离实际。

36

现阶段企业转型升级就是从传统的职能型组织结构向平台型组织结构转变，平台型组织结构就是业绩型组织结构。

组织结构决定了组织功能。职能型组织结构的特点是标准化、专业分工；业绩型组织结构的特点是平台化、自动自发、全员经营和一人多能。以前大多数企业的组织形态是职能型结构，现在和未来一定会向业绩型为导向的组织结构转变。业绩型组织结构更符合现阶段社会和企业发展的需要。

37

全员业绩管理＝全员经营+全员盈利+全员创新。

全员经营就是指实现人人有投入产出的思维，企业里每个人都为结果负责；全员盈利是指实现人人都是盈利者，企业树立"业绩为王"的文化；全员创新是指实现人人都是创造者，企业每个人都不断地自我超越，创造更大的价值。

38

权力向上，业绩向下；权力向下，业绩向上。

在企业整个运作中，高层做决策，中层做管理，基层做执行。执行者最终决定了做事的结果，执行者必须要有责任心，责任心跟权力成正比，执行者没有权力就没有责任。企业管理不是决策出来的，是做正确的事情。很多企业管理的误区在于权力和责任集中在中高层，基层没有责任和权力，这就导致基层的责任感、积极性、创造性等很难调动起来。

39

优秀的企业一定都有一套科学化的"业绩管理系统"!

优秀的企业有两个研发中心：产品研发中心和运营管理模式研发中心。企业能做多大规模，有无科学化的"业绩管理系统"是关键，否则企业做得越大亏得越多。

40

企业要建立问责文化。

责任包括岗位责任、管理责任和企业责任。企业要形成勇于面对问题、解决问题的文化，在解决问题中进步，问责是进步的开始，也是一种公平、公正文化的体现。

41

绩效考核对企业的发展至关重要，但同时绩效考核的构建也是个非常复杂的系统工程。

一套科学的绩效考核管理系统不仅能够有效激发员工的积极性、提高效率和增加效益，而且可以充分运用到人事决策、员工的职业发展、培训、薪酬管理等多项工作中，同时绩效考核通过检讨管理系统的缺陷并予以改善，指导企业经营方向的调整。

42

绩效管理的目的是激励而非考核。

现在，很多企业把绩效管理当成了考核，员工一旦被考核就意味着被动。绩效管理的目的应该是激励，通过绩效管理把员工的主动性、积极性等激发出来，为企业创造更大的价值。

43

管理的十六字真经：按单作业，单号管理，签字为准，单单结案。

每个环节都要按单作业，导入按单作业的方法、工具、流程；单号管理，环环相扣，就是团队做事的依据流程；无纸化办公也有审核，签字意味着责任，无签字，无依据，无责任；没有结案就没有完工。

44

制造型企业要重视独立的生产计划的管理，没有独立的生产计划管理的企业是以生产为导向，有独立的生产计划管理的企业是以市场为导向。

做得不好的企业是计划围绕生产转，做得好的企业是生产围绕计划转。企业的PMC部门相当于企业的指挥系统，组织、协调、统筹企业的生产，是保障客户交期的关键，是有组织性的高效生产的核心。如果企业出现计划围绕生产来转，那就本末倒置了。计划是销售的代言人，生产是计划的执行部门，企业按计划生产就是以市场为导向。

企业领导智慧：正睿观点

45 股权激励不一定能够让员工具备老板思维，不负责任的老板比比皆是，关键取决于对象"他是谁"。

　　不是每个人都可以成为老板，也不是每一名老板都有责任心。股权激励的关键取决于对象"他是谁"，他是否具备老板的思维方式？他是否是一名有责任心的人？他对事业是否有发自内心的热爱？如果一个人不具备老板的心态、思维、责任心的话，即使具备了老板的身份，也是一名没有责任心的老板。

46 企业的战略目标要和企业的年、月、周、日计划与总结系统进行捆绑。

　　企业的计划与总结系统不是凭空产生的，而是来源于企业战略目标的分解，是保证组织同向、目标同向、业绩同向的有效方法。企业通过计划与总结系统自上而下的贯彻来保证企业里的每一位员工每一天所做的事都在向着企业的战略目标前进。

47

管理要了解人性。

　　工作都是人做出来的，管理就是每天跟人打交道，所以管理要关注人，了解人性。不了解人性就很难做管理，管理者要想了解人性必须学习心理学和组织行为学等。管理者只有对人性有深入透彻的了解，才能真正做好管理。

48

管理者预防问题比解决问题更重要。

　　管理者正确的观念是预防问题永远比解决问题重要，真正解决问题的高手就是预防问题的发生。管理者"防火"观念的树立不是停留在口头上，也不是停留在纸面上，而是要具体落实到管理系统当中去。

49

流程再造是"先固化,再优化"。

企业流程属于标准化的一部分,标准化不可能一步到位,而是需要一个过程。企业不能先是不断地变化直至完美的流程出现再去固化流程。正确的做法是先要固化企业的流程,在实际的推行过程中发现问题再不断优化完善,然后再进行固化,如此循环臻于完善。

Chapter · 8 ·

企业营销管理

企业领导智慧：正睿观点

1

最好的营销是看不见的营销。

最好的营销是"润物细无声"，把营销活动融入人的生活习惯当中去了，融入一个人的思维方式中去了，改造价值观才是最好的营销方式，也就是改造了人的价值取向判断的标准。

2

营销与销售的区别。

营销与销售是两个不同的概念，营销重在前期策划，是塑造公司品牌和产品价值，影响客户主动找到我们；销售直接面对客户并达成最终成交。

营销的真正价值在于影响消费者的行为。

　　对营销者而言，只有影响客户促成购买行为的动作才是有价值的。因此，营销人员必须始终围绕着这点去设计、实施相应的营销的具体动作。客户从知道企业的产品或服务到实际购买这条链上，企业要保证所做的每一件事都是正确的，才能最终达成销售目的。

营销的最高境界就是思想的营销。

　　最好的营销是营销思想。营销不是营销产品，而是营销产品的理念；不是营销方法，而是营销思想。客户认同的不是产品本身，一定是产品背后的思想理念。

5

沟通的过程就是自我营销的过程。

何为沟通？就是把自己的观点有效地传达出去，在这个传达的过程中会影响到别人，别人会根据沟通方式和内容判断一个人。好的沟通力就是人们通常所说的"会说话"。所谓会说话，不是说一个人有说话的功能就是会说话，而是说能把话说到别人的心坎里从而成功实现自我营销，达成沟通目的。

6

高调做事，低调做人，营销就要高调。

人和事要分开。企业员工做事情时要高调，所谓的高调是要积极主动参与，创造更多更大的价值；低调做人是指要与人为善，对待其他同事要谦卑尊重。营销人员在策划设计时要"高举高打"，相信自己的产品才能把产品卖好。

> 一个人唱不了一台戏，说相声还要两个人，任何一部好的电影，都不能只有主角，都需要太多的配角来突出主角，没有配角的戏也就没了主角，营销重在团队作战，有了鲜花更需要绿叶。

营销注重团队作战，不可能一人打通全盘，这就像一场篮球或足球比赛，每个人都有自己扮演和担当的角色，只有相互配合、通力协作才会赢得最终的胜利。一个人人都想当鲜花或主角、无人想当绿叶或配角的的团队，不是一个好的营销团队，也没有战斗力可言。

> 品牌文化某种程度上是产品文化。因为品牌是口碑，口碑的载体是产品。企业的品牌文化往往是寄托在产品文化基础上的延伸而已。

品牌打造的路径为：好的产品和服务—案例—口碑—品牌，任何一个品牌的起点都是好的产品或服务，没有好的产品或服务做基础支撑而是靠营销等建立起来的品牌注定不能持久。

9

信用是最昂贵的。信用的维护只有一个：真实。做企业、做事情都是在做人。营销的最高境界就是真实。

中国的传统文化讲：仁、义、礼、智、信。孔子曰："人无诚信，不知其可。"信用也是企业的第二生命，企业家做企业要像珍惜生命一样珍惜信用。营销必须要让消费者感受到真实，相信真实的力量。

10

每一笔生意都有一个精彩的故事，业务员是这个故事的导演和演员，还为每位客户制订一个成功的成交策略。

每一笔生意的成交既有其共性又有其特性，针对每一个客户都要量身定做一套合适的成交策略方案。销售人员要参与到成交策略的策划当中，并在销售实战中不断总结完善销售技巧。

Chapter · 8 · 企业营销管理

11

故事是否精彩，在于前五分钟。每一笔生意是否成交，在于开局。

好的开始等于成功了一半。任何一次生意谈判，在开始的五分钟之内就几乎决定了能否成交。前五分钟是业务员了解客户需求和塑造个人价值的最佳时机，这也是合作成功的重要前提。业务员要能够在最短时间内了解客户的真实需求并给客户留下良好的感受和印象。

12

谈生意的过程就是解决问题的过程，解决的不是全部问题，是客户最关心的问题。生意的成功与失败取决于能否解决客户关心的问题。

客户的成交意向来自于他的实际需求，客户不签单说明其内心有顾虑，有顾虑就说明有未解决的实际问题。业务员的目的就是要解决客户的实际问题，让客户对产品或服务产生信任，客户有信任感才会最终成交。

13

客户的购买欲望就在一刹那之间，转瞬即逝，就是那一分钟或几秒钟决定生意的成功与失败。业务员抓住了就是成交，抓不住就是失败，业务员想再热身，调动起客户的购买欲望，难上加难。

客户的购买欲望有时是很感性的，可能就是那一瞬间的感觉。业务员如果能够敏锐捕捉这一瞬间，就很可能促成成交。如果等这一瞬间消失了再去努力调动客户的购买欲望就是一件很难的事情。业务员谈单要注意准确把握时机，要替客户做决定，不要让客户纠结下去。客户越纠结越不能成交。

14

销售就是把市场资源变现，变现的过程是先把熟的果子摘下来。

销售的所有动作都是为了"成交"二字，不成交的销售就是失败的销售。销售只有成交才会变现，业务员要及时盘点自己的客户资源，并对客户的具体情况了如指掌，及时跟进把成熟的客户拿下来。

15

每个人都可以成为优秀的销售人员，但必须有自己鲜明的个性，因客户的喜好各异，一物降一物而已。

没有天生优秀的销售员，每个人都有自己的优势。优秀的业务员就是利用好自己的优势并不断挖掘自己的潜能。没有一个销售员能够做到受所有人喜爱，销售员要在实战中根据自身特点形成自己的销售风格。

16

销售没有技巧，就是勤奋中寻找概率。

乔·吉拉德是怎么推销自己的？把名片撒出去，一万张名片有一个成交就值得。乔·吉拉德是吉尼斯世界纪录大全认可的世界上最成功的推销员，连续12年荣登世界吉尼斯纪录大全世界销售第一的宝座，他所保持的世界汽车销售纪录：连续12年平均每天销售6辆车，至今无人能破。如果看过他的传记《世界上最伟大的销售员：把任何东西卖给任何人》就会明白，销售实际上就是锲而不舍地勤奋付出。勤能补拙，通过勤奋付出可以弥补很多先天缺陷并让自己不断进步。销售的关键是要把概率做起来。

17

做业务，苦在前，乐在中，收在后。

销售员做业务，无论在体力还是在脑力上都是一件非常辛苦的事情，因为他直接面临市场和客户的压力，对一个人的综合素质要求很高。销售员做业务，前期的客户开发、市场开拓等工作异常辛苦，习惯之后就是苦中有乐，至于收获那就是水到渠成的事情。

18

销售是看不见的战场。

销售是综合实力的展现，销售谈判的过程就是硝烟弥漫的战场。要想在这个过程中取胜，只能让自己尽量不犯或少犯错误。

19

最好的销售方式就是经营人脉。

很多业务员认为销售的只是产品，其实产品是一次性消费。最好的销售就是让客户产生持续性的消费需求，这就需要企业在保证产品性价比的同时，要提供好相应的产品服务，并经营好自己的人脉资源。业务员的人脉资源就是潜在和现实的客户，很多人是因为认同并相信一个人的人品才会选择相信产品。

20

好的业绩是赛出来的。

企业里面缺什么，PK什么；PK什么，得什么。没有PK的氛围，销售团队就是一支不能打仗的队伍。销售团队一定要有PK机制，PK就是通过竞争和激励把每一个人的最大潜能发挥出来，让有业绩的员工能够得到更好的报酬。通过PK也可以增强团队的凝聚力，选拔出业绩突出者，并及时发现团队中的问题并改正。销售团队最怕的是按部就班、一潭死水。

21

营销与管理研究的都是人性。

企业管理和营销销售的对象都是人，都离不开与人打交道。与人打交道就要研究人性，遵循人性规律。管理者和营销销售人员对人性的不了解，会导致做事情时到处碰壁，困难重重。

22

做生意要以和为贵。做销售是圆的，做老师是方的。

不同的职业对人有不同的素质要求。商人以和为贵的目的在于"有利可图"；销售员业务谈判时，要讲究一定的灵活性以达成成交；老师要有一定的原则和标准，要把正确的知识传授给学生。

23

成交的关键在于客户成交策略的设计。

市场如战场，销售要依据客户的不同特性、不同情况设计不同的成交策略，相信方法永远比困难多。如果销售前进行周密的成交策略的设计，这样能够大大提高成交的概率。

24

业务能力提升四个字：总结、实践。

优秀业务员的能力不是一朝一夕就可以具备的，必须经过长时间的学习、实践和提升。业务员最好的学习提升的方式就是每天不断地进行自我和团队的总结和实践。同时，要成为一名优秀的业务员还必须具备强烈的工作热情，把自身的潜能充分挖掘出来；个人潜能的挖掘没有捷径，必须树立坚定的工作信心，并且能够锲而不舍地勤奋付出。

25

做业务要一手找鱼，一手养鱼。

业务员既要不断开拓新的市场业务，也要维护和服务好现有的客户资源。优秀的业务员一方面绝对不会让自己的业务出现"青黄不接"的情况，会做到未雨绸缪；也不会让自己服务的客户资源轻易流失，会做到尽善尽美。

26

业务员跟客户沟通，三分钟之内要确定商机在哪里？这个人是什么性格的人？需要什么样的方式对接？向哪个方向引导？

业务员要有非常敏锐的直觉判断和专业技巧。一般来说，优秀业务员在跟客户谈判的前三分钟就要捕捉收获各方面的信息，并做出准确判断，然后根据实际情况制订和调整谈判策略。

最好的销售是顾问式销售。

　　普遍来讲，卖的人比买的人更专业，只有耐心地宣讲传播公司理念和产品知识，培养客户的专业鉴别能力，客户才能认同你的产品。要关心客户的需求，永远让客户感到"物超所值"。

销售就是把客户当朋友。

　　销售在沟通时，要把客户当成朋友，不要当成领导或上司，只有这样，沟通才没有障碍。销售要站在朋友的角度跟客户沟通，做到跟任何人的沟通都是轻松愉快的。

29

销售人员要坦诚、真诚地对待每一位客户。

销售人员在谈单时，不要把客户看得高高在上，要做到坦诚真诚、不卑不亢。销售人员要相信公司的产品和实力，充分发挥自己的专业优势，塑造出产品和服务的价值，让客户产生认同感从而选择购买。

30

有时候形式比内容更重要，懂得做生意的人更注重形式。

对做生意而言，形式和内容都很重要。同一内容，不同的人用不同的形式表达，结果可能迥异。所以，懂得做生意的人会把好的内容用最好的方式呈现出来，从而大大增加与客户合作成交的概率。

Chapter · 8 · 企业营销管理

31

如何把劣势变为优势？这是营销人员和销售人员要解决的问题。

这个世界上没有完美的存在，任何一家企业都有自己的优势和劣势。优秀的营销人员和销售人员不会抱怨自己企业的实力和产品问题，而是对内会想方设法去改善和解决这些问题，对外则是努力地扬长避短，展示自己企业和产品优秀的一面，并且会变劣势为优势。

32

销售人员要智商、情商双修。

智商反映出的是一个人的聪明程度，情商反映出的是让别人舒服的程度。与人交往不仅需要智商，更需要情商。客户很多情况下说出的话语或指令都是言简意赅并且非常重要的，这就需要销售人员能够准确领会和把握。

33

业务员做销售要无孔不入，要有韧性；每一个动作永远都向成交前进一步。

业务员要努力拓展自己的销售渠道，不要人为设置任何的思想障碍。业务员可以做到随时随地跟任何有需要的人做业务，并且要有坚韧不拔的精神。业务员要相信自己每一份的努力付出和每一个动作都增加了成交的可能性。

34

客户重视你是生意成交的关健。

客户的重视程度一方面表明了客户的诚意，另一方面也跟你前期的价值塑造有很大的关系，并直接影响着后期谈判的难易程度。如果说没有需求就没有可能，那么没有重视就没有成交。

35

每一次与客户的接触，不是加分就是减分，每一次成交都是加分的必然结果。

销售人员每一次与客户接触不是加分就是减分，要尽力向成交方向推动。在实际的业务谈判中，销售人员要能够听明白客户每句话的真实含义并做出准确判断，说出的每句话都是为了最终的成交而加分。

36

客户是市场的资源，谁拿下来就是谁的资源。

市场是有竞争的市场，竞争是有市场的竞争，这就是市场竞争。市场客户资源是市场共享竞争的，谁能够成交就是谁的资源，而且这也不是一成不变的。

37

市场资源越用越活，不活动的资源就不是资源。

要让资源活跃起来，想方设法让资源变现。资源越用越活，在合作中产生价值和更多可能性。

38

谁是谁的客户？谁给谁带来价值谁就是客户，合作的关键在于合作的价值。

合作是双方围绕"价值"展开的合作，合作之前要对价值有公正、合理的评估、认识。任何一家企业都不是孤立的存在，对外涉及与供应商、客户的合作，对内涉及与员工、股东的合作。合作是一种智慧，合作的前提取决于你的合作价值。谁是谁的客户？谁给谁带来价值谁就是客户。

39

客户愿意为价值买单。

也许有人会认为客户关注的是价格，这其实是一个表象。客户关注的不是价格而是价值。客户不是为价格买单而是为价值买单。如果一个产品或服务不能提供相应的价值，那么钱再少也不是客户想要的。

40

失去了一位客户就等于失去了一片天。

销售人员要认真对待每一位意向客户，今天也许因为各种原因没有跟客户成交，并不代表客户将来不会跟你做生意。对于已经成交的客户，要认真对待，用自己的专业服务好每一位客户。因为每一位客户代表着一片市场。失去一位客户就等于失去了一片市场和未来。

正睿简介

2003年广州正睿企业管理研究所正式成立以来，创始人金涛老师带领研究所的专家团队持续深度调研中国企业的实际情况，潜心参悟中国传统文化和深入研究国外先进的管理理论，谋求"势""道""术"的结合，为中国企业现阶段的转型升级开出自己的"一剂良方"，并创造性地运用驻厂式咨询服务模式"落地"实施，力求为企业带来最大的"效果改变"！

2008年，金涛老师在深圳成立八八四八企业管理咨询有限公司；2010年，在广州成立正睿企业管理咨询有限公司；2012年，成立正睿商学院，至此正睿真正完成了研究所和咨询公司的"一体两翼"的市场化发展，实现了研究与服务的一体化。2014年，金涛老师在温州成立浙江正睿企业管理咨询有限公司；2016年，成立广东省正睿企业管理研究院，在深圳成立深圳正睿企业管理咨询有限公司，在泉州成立泉州正睿企业管理咨询有限公司，在宁波成立宁波正睿企业管理咨询有限公司。

正睿咨询——驻厂式、托管式咨询服务模式的开创者！正睿颠覆传统，引领咨询行业由培训服务向专家服务转变，由知识咨询向效果咨询转变！ 正睿实行"一对一"驻厂服务，为企业量身定制个性化系统解决方案；项目专家全程"手把手"教授方案的执行落地，全面保障企业管理升级实施效果！正睿咨询在发展的过程中建立了研究、咨询、培训"三位一体"的成熟团队，成功研发了"五大产品"：企业全面战略转型升级、全员业绩管理系统、三维绩效、中国式精益生产、快速提升销售业绩的十大模块，涉及企业的战略规划、市场营销、生产管理、文化构建、团队打造、人力资源等"六大领域"。

正睿先后成功指导了500多家企业战略转型管理升级的深度变革和系统管理咨询，涉及电子、机械、服装、纺织、家纺、鞋业、化工、印刷、家电、家具、建材、汽车、卫浴、新能源等诸多行业，同时还为1200多家企业、15000余名企业家及高级经理人进行专业化的培训辅导，深受社会的关注与企业的好评。

正睿被业界称作"中国企业驻厂式咨询服务第一品牌""中国企业托管式咨询第一品牌""咨询界的黄埔军校"；先后荣获"中国企业管理咨询机构50大""广东省企业管理咨询十佳机构""广东省企业管理咨询行业十佳诚信体系建设示范机构""广东省管理咨询AAA资质单位""广东省企业管理咨询协会副会长单位"等荣誉。正睿成就卓越，蜚声业界！

正睿只提供最有价值的专业化的企业管理咨询服务，只做行业标杆，不注重数量，只注重质量；正睿精耕细作，毕生只做一件事，全力以赴做好一件事；正睿愿与客户一起实现梦想，成为中国越来越多企业的终生合作伙伴！

后记

诺贝尔经济学奖得主、百岁老人科斯在2011年《财经》年会上发表视频致辞。他满怀热情和真诚之心，不无坦诚而忧虑地指出："如今的中国经济面临着一个重要问题，即缺乏思想市场。这是中国经济诸多弊端险象丛生的根源。"

如今斯人仙逝三年有余，但是他对中国经济问题发人深省的认识至今困扰着国人。我在长期从事企业管理咨询的实践和研究中，深切感受到科斯先生认为"中国经济缺乏思想市场"的观点一语中的。在我看来，这不仅是"中国经济诸多弊端险象丛生的根源"，还是导致中国企业管理诸多问题水平低下的根源。中国经济和企业管理需要诞生自己的理论思想。但是，中国企业管理的理论思想从哪里来？毫无疑问，它不可能凭空产生，也不可能诞生在国外，更不能完全照搬西方发达国家的管理理论。中国的管理理论思想一定要从自身的管理实践和文化土壤中去提炼、总结和创新，实事求是地探索出一套适合中国企业管理的思想理论体系。

我先后在台资、港资、国企和民营等多家企业担任过中高层管理者，积累了丰富的管理实战经验。从2003年开始，我一直带领600多名专家团队驻厂服务了500多家企业。一个企业就是一个专家组，一个项目就是一个研究课题。在多年的大量案例和咨询实战经验中，首创"驻厂式管理咨询"和"托管式管理咨询"的模式，对工厂进行一站式的贴身咨询服务。在此基础上，立足于中国的传统文化，借鉴国外先进的管理模式，先后自主研发出了适合中国制造型企业管理问题的系列解决方案——"企业战略转型升级模式"和"全面业绩管理系统"。

我带领我们的专家团队运用"企业战略转型升级模式"和"全面业绩管理系统"成功辅导了珠三角、长三角以及内地等500多家企业，涉及电子、机械、服装、化工、印刷、家电、家具、建材、汽车、卫浴、陶瓷等行业，效果十分显著，企业的经营管理指标显著提升。同时，我还为800余家企业、15000余名企业家及高级职业经理人进行过管理升级的辅导。

正是在这长期的企业管理咨询的实战和研究过程中，我对中国企业的实际情况有了更深刻的理解和思考。中国的企业管理无疑是建立在中国实际情况之上的，中国的企业管理一定要有中国自己的管理理论思想。正睿咨询之所以能够在驻厂式咨询市场上独占鳌头，就是因为我们非常重视结合中国企业实际的管理理论思想的研发，这一直让我们获益匪浅并成就卓越。本书就是我近20年来管理思想精华的概括总结，历时5年多整理出来以飨读者。

在这里，我首先要感谢正睿咨询的运营总监和我的特别助理魏成刚先生，他在5年多来持之以恒，忠实记录下我思想的点点滴滴，不断地探究酝酿，与我反复交流探讨并时常碰撞出灵感的火花，然后用心写出一段段文字，事后的修改、整理、编辑、校对等工作也是非常辛苦的，为此他投入了大量的心血。非常感谢！

在这里我还要感谢正睿的每一位老师，他们的名字是：熊毛、庞金森、涂亚清、金勇、肖锋、简湘晖、李张旗、杨太兴、邓晖、蒋增文、李哲、杜宜晋、彭前刚、汪光明、陈勇、邹胜利、何朝

后记

阳、王宏、黄霆、许尚赋、蒋凯旋、邢建设、江桂松、胡金焰、肖献平、张神亮、张建军、李荣、陈昕、吴昊、罗岳军、杜章胜、黄荣旺、李春蕾、陈超红、唐笑诗、廖慧珊……没有他们在咨询一线的辛勤付出，就没有这本书中思想的碰撞和诞生。非常感谢他们！

最后，借此书我谨向曾经或目前正在咨询行业与我一起并肩作战过的近1500名咨询师们致敬！同时也向曾经支持我们、帮助我们、信任我们的客户们致敬！有了你们的支持，才坚定了我们不断探索、研究、前进的动力。同时也向像我们一样具有民族使命感，为咨询行业的发展而奋斗、为中国企业的转型而奋斗、为中国经济的腾飞而奋斗的同行们致敬！向所有自强不息、热爱祖国的中国企业家们致敬！

于广州 2017.1.5